Mentale Fitness im Tennis

Sport und gesellschaftliche Perspektiven

Herausgegeben von Martin K. W. Schweer

Band 5

Martin K. W. Schweer

Mentale Fitness im Tennis

Sportpsychologische Grundlagen und Übungen
für den Freizeit- und Leistungssport

Unter Mitarbeit von Jana Benarndt

2., vollständig überarbeitete und erweiterte Auflage

Bibliografische Information der Deutschen Nationalbibliothek
Die Deutsche Nationalbibliothek verzeichnet diese Publikation
in der Deutschen Nationalbibliografie; detaillierte bibliografische
Daten sind im Internet über http://dnb.d-nb.de abrufbar.

ISSN 1865-777X
ISBN 978-3-631-66861-0 (Print)
E-ISBN 978-3-653-06229-8 (E-Book)
DOI 10.3726/978-3-653-06229-8

© Peter Lang GmbH
Internationaler Verlag der Wissenschaften
Frankfurt am Main 2007
2., vollst. überarb. und erw. Auflage 2015
Alle Rechte vorbehalten.
PL Academic Research ist ein Imprint der Peter Lang GmbH.

Peter Lang – Frankfurt am Main · Bern · Bruxelles · New York ·
Oxford · Warszawa · Wien

Das Werk einschließlich aller seiner Teile ist urheberrechtlich
geschützt. Jede Verwertung außerhalb der engen Grenzen des
Urheberrechtsgesetzes ist ohne Zustimmung des Verlages
unzulässig und strafbar. Das gilt insbesondere für
Vervielfältigungen, Übersetzungen, Mikroverfilmungen und die
Einspeicherung und Verarbeitung in elektronischen Systemen.

Diese Publikation wurde begutachtet.

www.peterlang.com

Inhaltsverzeichnis

Abbildungsverzeichnis...7

Vorwort..9

1. Mentale Fitness – Was ist das überhaupt?.................................11

2. Kernmerkmale mentaler Fitness im Sport.................................17
   2.1 Stärken und Schwächen erkennen.......................................17
   2.2 Ich bin verantwortlich!..19
   2.3 Eindeutige Ziele formulieren...20
   2.4 Der richtige Umgang mit Erfolg und Misserfolg.................23
   2.5 Entspannung fördert Leistungsbereitschaft
       und Leistungsfähigkeit..25
   2.6 Ohne Disziplin keine gute Leistung.....................................26
   2.7 Den richtigen Stellenwert des Sports erkennen...................27

3. Tennis als Wettkampfsport: Der Kampf
   „Eins gegen Eins"..29

4. Klassische Problemfelder mentaler Fitness im Tennis...........33
   4.1 Die Auseinandersetzung mit dem Gegner............................33
       4.1.1 Die verschiedenen Spielertypen..................................34
       4.1.2 Ursachen für die Herausbildung eines
             spezifischen Spielertypus...38
   4.2 Strategien zur Förderung der mentalen Fitness:
       Reduzierung von Versagensängsten und
       Steigerung des Selbstbewusstseins.......................................46

5. Probleme in Zusammenhang mit
   spezifischen Matchsituationen 59
   5.1 Das erste Aufschlagspiel im Match 62
   5.2 Die Möglichkeit zum Satz- oder Matchgewinn 64
   5.3 Der Tie-Break 74
   5.4 Spiel- und Breakbälle 77
   5.5 Kritische Situationen, in denen sich das
        Spielgeschehen wendet 85

6. Abergläubisches Verhalten 101

7. Effektives Training 105

8. Tennis im Team 117

9. Wertschätzung, Selbstwertschätzung
   und mentale Fitness 121

Literaturverzeichnis 129

Abbildungsverzeichnis

Abb. 1: Entstehung und Aufrechterhaltung mentaler Fitness 15
Abb. 2: Leistungsentwicklung anhand von Zielsetzung 22
Abb. 3: Das Fähigkeitsentwicklungsmodell nach Blom (2000, S. 48).... 48

Vorwort

Im Jahr 2007 erschien im Peter Lang Verlag die erste Auflage dieses Ratgebers zur Steigerung der mentalen Fitness im Tennis. Aufgrund der erfreulich hohen Nachfrage habe ich mich nunmehr zu einer Neuauflage entschlossen, die im Wesentlichen auf Elementen des ursprünglichen Bandes beruht, in weiten Teilen jedoch darüber hinausgeht – neben den sportpsychologischen Grundlagen, in denen die Ergebnisse der aktuellen Forschung integriert sind, ist insbesondere der Bereich der praktischen Übungen deutlich ausgebaut worden. Auf diese Weise soll die Übertragbarkeit des Gelesenen auf die konkrete Situation des Lesers[1] optimiert werden. Die Tatsache, dass ich seit vielen Jahren im Zuge der an meinem Lehrstuhl angegliederten Arbeitsstelle für sportpsychologische Beratung und Betreuung Challenges in der Beratung aktiver Leistungs- und Hochleistungssportler im Tennis aktiv bin, konnte ich gewinnbringend nutzen, um in diesem Buch die zentralen Aspekte mentaler Stärken und Schwächen im Tennis zu behandeln.

Dieser Ratgeber richtet sich von daher an alle aktiven Tennisspieler, die ihre mentale Fitness verbessern wollen – egal, ob sie im Hochleistungsbereich, im Leistungsbereich oder aber im Freizeitbereich Tennis spielen. Gleichermaßen richtet er sich aber auch an Betreuer und Trainer von aktiven Tennisspielern, bei denen eine Sensibilität für die Bedeutung sportpsychologischer Komponenten meines Erachtens unerlässlich ist, um erfolgreich mit den ihnen anvertrauten Athleten arbeiten zu können.

Ich habe mich bemüht, diese Komponenten praxisnah, anwenderfreundlich und verständlich auf den Punkt zu bringen. Meine Ausführungen basieren dabei auf den Ergebnissen wissenschaftlicher Forschung, auf eine fachwissenschaftliche Diskussion wird an dieser Stelle aber bewusst verzichtet, in dieser Hinsicht verweise ich den interessierten Leser auf den Literaturanhang.

---

1 Um die Lesbarkeit zu vereinfachen, wird auf die zusätzliche Formulierung der weiblichen Form verzichtet. Es sei an dieser Stelle darauf hingewiesen, dass die ausschließliche Verwendung der männlichen Form explizit als geschlechtsunabhängig verstanden werden soll.

Da mir die Verwendung von praktischen Beispielen und Übungen immer wieder als außerordentlich hilfreich rückgemeldet worden ist, wurde gerade diese Komponente ganz bewusst in dem vorliegenden Ratgeber ausgebaut. Mein besonderer Dank gilt dabei meiner Mitarbeiterin Jana Benarndt für ihre umfangreiche und konstruktive Unterstützung. Mein Dank gilt ferner allen weiteren Mitarbeiterinnen und Mitarbeitern, die mit ihren hilfreichen Ideen und Impulsen sowie mit ihrer redaktionellen Unterstützung zum Gelingen dieses Projektes beigetragen haben. Ebenfalls danke ich dem Peter Lang Verlag für die bewährte professionelle und unkomplizierte Zusammenarbeit.

Ich wünsche Ihnen eine anregende, hilfreiche Lektüre. Bitte zögern Sie nicht, mir Ihre Rückmeldungen oder auch Fragen mitzuteilen[2].

Vechta, im Sommer 2015
Martin K.W. Schweer

---

2 Sie erreichen mich über meine Arbeitsstelle für sportpsychologische Beratung und Betreuung *Challenges* an der Universität Vechta: challenges@uni-vechta.de

1. Mentale Fitness – Was ist das überhaupt?

Das sagen die Profis

„Bei Turnieren, an denen die Besten der Welt teilnehmen, entscheidet sich sehr, sehr viel im mentalen Bereich. […], zumindest muss man auf dem Platz um jeden Ball fighten und jeden Ball gewinnen wollen. Wer diese Einstellung hat und mental so stark ist, dass er sich nicht hängen lässt und sich positiv motiviert – auch wenn es schlecht läuft – der wird auch Erfolg haben."

(aus einem Interview mit Rainer Schüttler)

„Ich bin es gewohnt, als Spieler meine Grenzen auszutesten. Ich lebe vom Kampf, vom Einsatz, von der Bereitschaft, viel zu investieren für einen Sieg. Diese mentale Härte gehört zu mir als Profi."

(Rafael Nadal, zit. n. Allmeroth, 2013, o.S.)

„Ob es tatsächlich das beste Tennis ist, hängt auch viel mit dem Selbstvertrauen zusammen. In meiner besten Phase hatte ich wirklich das Gefühl, ich könnte fast nicht verlieren. Dann riskierst du auch mal mehr als du eigentlich solltest und es funktioniert trotzdem."

(Roger Federer, zit. n. Bandermann, 2014, o.S.)

Der Begriff der mentalen Fitness ist mittlerweile in aller Munde, wenn es um die Beschreibung von Leistungsstärken oder eben auch -schwächen geht: Bei politischen Entscheidungen werden mentale Komponenten in Rechnung gestellt, Manager überzeugen durch ihre mentale Stärke, für den Erfolg im Leistungssport wird auf die mentale Fitness verwiesen.

Dabei wird im Grunde genommen stets ein einheitliches Verständnis dahingehend vorausgesetzt, was denn eigentlich mentale Fitness bedeutet. Würden wir hierzu aber tatsächlich einzelne Personen befragen, so würden wir sehr schnell feststellen, wie unterschiedlich die Vorstellungen von mentaler Fitness tatsächlich jedoch sind. Ein Blick auf die Vielfalt an Definitionsvorschlägen bestätigt diesen Eindruck.

Einige beispielhafte Definitionen

„Mentale Stärke ist wahrscheinlich einer der meistbenutzten, jedoch am wenigsten verstandenen Begriffe, die in der angewandten Sportpsychologie benutzt werden."
(Jones, Hanton & Connaughton, 2002, S. 205, Übersetz. d. Verf.)

„Mentale Stärke ist die Fähigkeit, sich ungeachtet der Wettkampfbedingungen an seiner oberen Leistungsgrenze zu bewegen."
(Loehr, 1996, S. 20)

„Ganz allgemein wird unter mentaler Stärke das Verfügen über effektive Selbstregulationsfertigkeiten verstanden, die es Individuen ermöglichen, auch unter ungünstigen Bedingungen ihr Leistungspotenzial abzurufen."
(Beckmann & Elbe, 2011, S. 19)

Worüber sprechen wir also, wenn wir über mentale Fitness reden?

Im Kern zeichnet sich mentale Stärke dadurch aus, dass wir aufgrund unserer psychischen Befindlichkeit über einen Vorteil in Leistungssituationen verfügen, folglich ist mentale Schwäche mit einem Nachteil in Leistungssituationen verbunden. Während also im Falle mentaler Stärke die Wahrscheinlichkeit erhöht ist, in einer Leistungssituation tatsächlich auch erfolgreich zu sein, ist diese Wahrscheinlichkeit im Falle mentaler Schwäche reduziert.

Die positivere psychische Befindlichkeit verschafft dem mental starken Athleten einen entsprechenden Leistungsvorteil. Insofern verhält es sich bei mentaler Fitness nicht anders als bei den vielen Persönlichkeitsmerkmalen, die jeden von uns ausmachen, etwa Aggressivität, Intelligenz, soziale Kompetenz oder Ängstlichkeit. Vergleichen wir bspw. eine hochängstliche mit einer niedrigängstlichen Person: Die Wahrscheinlichkeit, in potenziell angstauslösenden Situationen mit Angst zu reagieren, ist bei der hochängstlichen Person deutlich höher. Dies bedeutet jedoch nicht, dass eine niedrigängstliche Person nicht auch mit Angst reagieren kann, ggf. auch in Situationen, in denen die hochängstliche Person keine Angst zeigt. Aber über die Gesamtheit aller Situationen lassen sich bei der hochängstlichen Person wesentlich mehr und intensivere Angstreaktionen feststellen.

Analog hierzu wird eine mental starke Person in Leistungssituationen mit höherer Wahrscheinlichkeit erfolgreicher agieren als eine mental schwache Person – und zwar logischerweise in solchen Leistungssituationen, in denen

Mentale Fitness – Was ist das überhaupt? 13

die mentale Fitness in besonderer Weise gefragt ist (dieser Aspekt wird in Kap. 5 noch ausführlich behandelt werden).
An welchen Merkmalen lässt sich mentale Fitness erkennen? Entscheidende Komponenten sind:

- Der Athlet tut alles, was in seinen eigenen Möglichkeiten liegt, um erfolgreich zu sein. Ausgenommen sind selbstverständlich Handlungen, die seine Gesundheit schädigen oder den Prinzipien der Fairness und Regelkonformität zuwiderlaufen.
- Gleichzeitig akzeptiert der Athlet auch ungünstige Rahmenbedingungen, die von ihm nicht zu verändern sind.

ÜBUNG: UMGANG MIT SIEGEN UND NIEDERLAGEN
Bitte beschäftigen Sie sich gedanklich einmal mit den folgenden Fragen: - Wie häufig haben Sie nach einem Sieg das Gefühl, aus eigenen Kräften gewonnen zu haben? - Wie häufig haben Sie nach einer Niederlage das Gefühl, nicht vom Gegner besiegt, sondern vielmehr gegen sich selber verloren zu haben?

Die Auseinandersetzung mit den Grundlagen mentaler Fitness im Sport lohnt sich für jeden Athleten, weil mentale Fitness gelernt werden kann. Dies stellt gerade für mental schwache Athleten eine Herausforderung dar, die jedoch als große Chance begriffen werden sollte – wir alle können uns positiv verändern, wenn wir es tatsächlich wollen und bereit sind, uns hierfür auch entsprechend zu bemühen.

Mentale Fitness im Sport ist folglich das Ergebnis unserer Erfahrungen, die wir bislang mit Leistungssituationen im Sport, aber durchaus auch in anderen Bereichen unseres Lebens gesammelt haben:

ÜBUNG: ERFAHRUNGEN IN LEISTUNGSSITUATIONEN
Bitte beschäftigen Sie sich gedanklich einmal mit den folgenden Fragen: - Welche positiven bzw. negativen Leistungssituationen haben Sie erlebt? - Wie sind Sie mit diesen Situationen umgegangen? - Wie hat Ihr Umfeld darauf reagiert? - Haben Sie tatsächlich versucht, aus Ihren Erfahrungen für die Zukunft zu lernen?

Mentale Fitness – Was ist das überhaupt?

Mentale Fitness hat nichts mit „Psychozauber" zu tun, wir alle können an unserer Persönlichkeit arbeiten und auf diese Weise die eigene mentale Fitness optimieren. Inwieweit wir aber in der Vergangenheit in leistungsrelevanten Situationen erfolgreich gewesen sind, prägt unser Bild, das wir von unserer eigenen mentalen Fitness besitzen. Dieses Bild kann sich im Sinne einer sich-selbst-erfüllenden Prophezeiung über die Zeit immer stärker verfestigen: Mit der Vorstellung, mental stark zu sein, gehen wir neue Leistungssituationen aktiv und mit einer positiven Grundhaltung an. Das Gegenteil trifft allerdings zu, wenn wir uns als mental schwach wahrnehmen, wir werden dann eher passiv und ggf. sogar ängstlich in neue Leistungssituationen gehen. Vor diesem Hintergrund steigt bei mental starken Menschen die Wahrscheinlichkeit, erfolgreich zu sein und ihre mentale Fitness zu stabilisieren, mental schwache Menschen hingegen werden eher weiteren Misserfolg erleben und ihr Bild von der eigenen mentalen Schwäche verfestigen. Aus diesem Kreislauf kann sich in der Folge die Überzeugung herauskristallisieren, ohnehin nichts an dem eigenen Zustand verändern zu können, weil „es ja schon immer so gewesen ist". Im ungünstigen Fall werden wir durch unser Umfeld in dieser irrigen Annahme noch bestärkt, wir alle kennen ja Beispiele von Athleten, die mit dem Etikett umgehen müssen, in entscheidenden Situationen immer wieder psychisch instabil und von daher wenig leistungsstark zu sein.

Ganz egal, wie stark oder schwach unsere mentale Fitness aktuell ausgeprägt ist – es ist immer lohnenswert, diese aus eigener Kraft zu verändern, dadurch besser mit relevanten Leistungssituationen umgehen zu lernen und auf diese Weise auch die Freude am Sport zu steigern.

Abb. 1: *Entstehung und Aufrechterhaltung mentaler Fitness.*

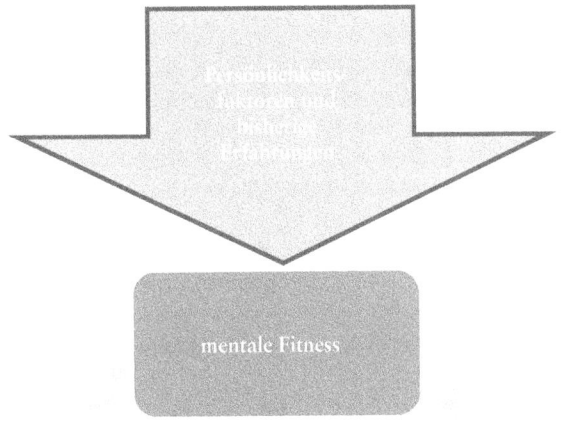

2. Kernmerkmale mentaler Fitness im Sport

2.1 Stärken und Schwächen erkennen

Das sagen die Profis

„Glück gehört eben auch dazu, und das hatte ich im gesamten Turnier nicht. Ich hab mir diesen Finaleinzug hart erkämpfen müssen. Aber das macht mich für die Zukunft vielleicht noch stärker. Es ist ja viel mehr wert, auf dem Weg ins Endspiel starke Gegnerinnen besiegt zu haben, als ins Finale zu spazieren."
(Sabine Lisicki, zit. n. Ahrens, 2013, o.S.)

Der Ausgangspunkt jeglicher Veränderung muss an der kritischen Analyse des Ist-Zustandes ansetzen. Das Leistungsverhalten im Sport stellt dabei ein überaus komplexes Konstrukt dar, es ist von vielen verschiedenen Faktoren abhängig, die sich zudem gegenseitig beeinflussen können (so geht etwa verminderte Ausdauer häufig mit einem Abfall der Konzentrationsfähigkeit einher).

Zu den besonders wichtigen Faktoren zählen:

- Talent
- Disziplin und Ausdauer
- physische Fitness (körperliche Ausdauer, Schnellkraft usw.)
- Konzentrationsfähigkeit
- Technik
- taktisches Verhalten
- mentale Fitness

Je nach Sportart oder auch in Abhängigkeit der konkreten Leistungsebene kann die Bedeutung dieser einzelnen Faktoren variieren, entscheidend ist jedoch: Eine Verbesserung der eigenen mentalen Fitness beinhaltet immer auch die Frage, in welchen Bereichen wir uns besonders stark erleben und in welchen Bereichen wir unsere vorrangigen Schwächen sehen. Das eine hängt mit dem anderen zwangsläufig zusammen – wie wollen wir etwa disziplinierter werden oder uns darauf einlassen, an technischen Veränderungen zu arbeiten, wenn wir nicht die hierfür erforderliche mentale Bereitschaft mitbringen?

Insofern sollten wir mit dieser Analyse beginnen, uns jedoch dabei nicht nur auf unser eigenes Urteil verlassen – theoretisch müssten wir uns zwar am besten kennen, leider (was aber durchaus menschlich ist) neigen wir aber gerne dazu, unsere eigenen Schwächen weniger deutlich zu sehen als unsere Stärken. Also sollten wir bei dieser Analyse stets kompetente und vertrauenswürdige Personen aus unserem Umfeld hinzuziehen; diese Personen haben zwar auch einen subjektiven Blick, die Kombination der unterschiedlichen subjektiven Rückmeldungen ist für uns aber eine hilfreiche Orientierung. Nur über eine entsprechende Analyse der eigenen Stärken und Schwächen können wir gezielt an Veränderungen im Sinne von Verbesserungen arbeiten.

ÜBUNG: STÄRKEN UND SCHWÄCHEN					
a) Selbsteinschätzung					
	– –	-	O	+	++
Talent	☐	☐	☐	☐	☐
Disziplin und Ausdauer	☐	☐	☐	☐	☐
physische Fitness	☐	☐	☐	☐	☐
Konzentrationsfähigkeit	☐	☐	☐	☐	☐
Technik	☐	☐	☐	☐	☐
taktisches Verhalten	☐	☐	☐	☐	☐
mentale Fitness	☐	☐	☐	☐	☐
b) Fremdeinschätzung I					
	– –	-	O	+	++
Talent	☐	☐	☐	☐	☐
Disziplin und Ausdauer	☐	☐	☐	☐	☐
physische Fitness	☐	☐	☐	☐	☐
Konzentrationsfähigkeit	☐	☐	☐	☐	☐
Technik	☐	☐	☐	☐	☐
taktisches Verhalten	☐	☐	☐	☐	☐
mentale Fitness	☐	☐	☐	☐	☐

ÜBUNG: STÄRKEN UND SCHWÄCHEN					
c) Fremdeinschätzung II					
	– –	–	O	+	++
Talent	☐	☐	☐	☐	☐
Disziplin und Ausdauer	☐	☐	☐	☐	☐
physische Fitness	☐	☐	☐	☐	☐
Konzentrationsfähigkeit	☐	☐	☐	☐	☐
Technik	☐	☐	☐	☐	☐
taktisches Verhalten	☐	☐	☐	☐	☐
mentale Fitness	☐	☐	☐	☐	☐

2.2 Ich bin verantwortlich!

Das sagen die Profis

„*Tennis ist eine Einzelsportart. Jeder geht seinen eigenen Weg.*"
(Annika Beck, zit. n. Schneider, 2013, o.S.)

Mentale Fitness setzt voraus, den Fokus der Aufmerksamkeit auf die eigene Verantwortlichkeit legen zu können. Wir selber sind für unsere (ggf. unzureichende) sportliche Leistung verantwortlich: Es sind nicht die widrigen Umstände, eine unfaire Auslosung oder der Stress zu Hause. Im umgekehrten Fall ist es aber auch nicht die leichte Wettkampfsituation oder die unerwarteter Weise gezeigte eigene Spielstärke. Betrachten wir uns also stets als Agierende und nicht als Reagierende. Seien wir vielmehr aktiv und versuchen wir darüber zu kontrollieren, was mit uns geschieht. Vermeiden wir Passivität! Jedes Training und jeder Wettkampf sind Herausforderungen, denen wir uns positiv und zielgerichtet stellen sollten.

Dies hat selbstverständlich nicht zur Konsequenz, permanent gute Leistungen abrufen oder gar jeden Wettkampf gewinnen zu können. Es steigert aber in ganz entscheidender Weise den zentralen Faktor für langfristigen sportlichen Erfolg – nämlich die Konstanz der eigenen Leistung. Viele Athleten auf allen Leistungsebenen sind nämlich durchaus in der Lage, im Training und im Wettkampf durchaus sehr gute Leistungen zu erzielen, ihnen gelingt dies aber nur sporadisch. Dauerhafter Erfolg ist nur dann möglich, wenn es uns gelingt, ein kontinuierlich hohes Leistungsniveau abzurufen.

Ein weiterer Punkt kommt hinzu: Zu seiner eigenen Verantwortlichkeit zu stehen, konzentriert die Arbeit auf die Punkte, die wir selber kontrollieren können. Auch wenn es zunächst paradox klingen mag: Wir können dann durchaus verlieren, sind aber trotzdem erfolgreich, weil wir alles in unserer Macht stehende getan haben. Und wenn dies nicht der Fall gewesen sein sollte, können wir gezielt daran arbeiten und uns positiv weiterentwickeln. Gefährlich wird es hingegen dann, wenn wir uns bei der Analyse in Ursachen verlieren, die völlig außerhalb unserer eigenen Beeinflussbarkeit liegen – sie versperren uns nämlich den Blick auf die vielen Aspekte, die wir wirklich selbst im Griff haben (könnten).

ÜBUNG: VERGLEICH DER EIGENEN EINSCHÄTZUNG MIT DER EINSCHÄTZUNG ANDERER

- Betrachten Sie noch einmal Ihre Selbsteinschätzung und die Einschätzungen Ihres Umfeldes: An welchen Punkten können Sie sinnvoll ansetzen und Veränderungen erreichen, auf welche Weise kann dies geschehen?
- Nutzen Sie hierfür den Austausch mit den Personen Ihres Vertrauens.

2.3 Eindeutige Ziele formulieren

Das sagen die Profis

„Dann setze ich mir das nächste Ziel, ein vernünftiges, machbares Ziel, das ich realistischerweise erreichen kann, wenn ich nur hart genug arbeite."
(Michael Jordan, 1994, S. 3, Übersetz. d. Verf.)

Positive Entwicklung meint die Veränderung von einem bestehenden Ist-Zustand zu einem als erstrebenswert angesehenen Soll-Zustand. Die Analyse eigener Stärken und Schwächen beschreibt den Ist-Zustand, wir müssen uns aber nicht nur darüber klar werden, wo wir aktuell stehen, sondern auch darüber, wohin wir eigentlich wollen. Wir müssen uns also klare Ziele setzen.

Hierbei ist zu beachten:

- Die Ziele müssen eindeutig formuliert sein und möglichst wenig Interpretationsspielraum liefern.

    eindeutig formuliert:
    Am Ende des Jahres laufe ich sieben Kilometer in 35 Minuten.

- *uneindeutig formuliert:*
  Am Ende des Jahres habe ich meine Ausdauer verbessert.
- Es ist sinnvoll, sich bei Zielen, deren Erreichung erst nach einem längeren Zeitraum möglich ist, kurzfristige Zwischenziele zu setzen. Dies reduziert die Gefahr, dass die eigene Motivation quasi auf dem Weg verloren geht. Außerdem ist es leichter, auf diese Weise Zielkorrekturen vorzunehmen, wenn wir merken, dass wir bspw. die eigene Messlatte zu hoch angesetzt haben.
  - *langfristiges Ziel:*
    Am Ende des Jahres laufe ich sieben Kilometer in 35 Minuten.
  - *kurzfristige Zwischenziele:*
    Am Ende des Monats laufe ich sieben Kilometer in 50 Minuten.
    Nach drei Monaten laufe ich sieben Kilometer in 45 Minuten.
    Nach fünf Monaten laufe ich sieben Kilometer in 40 Minuten.
- Korrekturen der Ziele sind erforderlich, wenn unser eigener Anspruch zu hoch oder aber zu niedrig ist. Selbstverständlich ist es an dieser Stelle vor allem sinnvoll, sich mit dem eigenen Trainer zu beraten oder – falls nicht vorhanden – zumindest einen erfahrenen Athleten oder Trainer nach seiner Einschätzung zu fragen.
- Korrekturen der Ziele sind aber auch dann erforderlich, wenn sie für unser Anliegen eher kontraproduktiv sind, uns im Extremfall sogar schädigen können. Gerade in solchen Situationen ist es wichtig, offen gegenüber dem Rat erfahrener und vertrauenswürdiger Personen aus dem sozialen Nahraum zu sein.

Beispiele für unangemessene Zielsetzungen:
- Nach einem Monat Training laufe ich einen Marathon, obwohl ich sonst nie laufen gehe.
  Innerhalb eines Monats nehme ich 20 Kilogramm Körpergewicht ab.
  Ich werde in Zukunft keine Aufschlagfehler mehr machen.

Abb. 2: Leistungsentwicklung anhand von Zielsetzung.

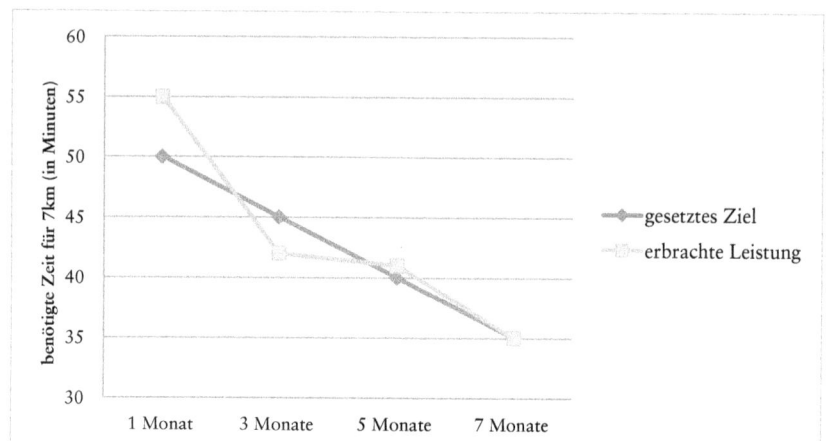

Immer dann, wenn wir leistungsorientiert arbeiten (wollen), sind eindeutige Ziele zwingend erforderlich, wobei wir bedenken müssen, dass sich Leistung stets über einen individuell gesetzten Gütemaßstab definiert. Das kennen wir bereits aus der Schule: Ein „befriedigend" in der Klausur kann für Klaus angesichts seiner bisherigen sehr guten Leistungen im Fach Mathematik durchaus unbefriedigend sein, während diese Note für Hans vor dem Hintergrund seiner bislang eher schwachen Noten ein großer Erfolg sein kann. Im Sport ist es selbstverständlich nicht anders, das erzielte Leistungsergebnis ist immer im Zuge der gesamten Leistungsentwicklung eines Athleten zu bewerten.

Viele Athleten machen sich jedoch kaum Gedanken über die Bedeutung von klaren Zielen im Zuge der persönlichen Leistungsentwicklung, was für die Motivation nicht förderlich ist. Setzen wir uns jedoch eindeutige Ziele, so hat dies selbstverständlich zur Folge, dass deren Erreichen überprüft und im Zuge dessen Ziele verändert oder neu definiert werden müssen.

> **ÜBUNG: KURZ- UND LANGFRISTIGE ZIELE**
> - Nehmen Sie sich Zeit und formulieren Sie Ihre kurz- und langfristigen Ziele vor dem Hintergrund des Gelesenen. Nutzen Sie hierbei die Kompetenz von erfahrenen Athleten und Trainern.
> - Stellen Sie sicher, dass Sie sich kontinuierlich auf dem Weg der Zielerreichung überprüfen und ggf. auch Ihre zunächst gesetzten Ziele korrigieren.

2.4 Der richtige Umgang mit Erfolg und Misserfolg

Das sagen die Profis

„Wir Sportler befinden uns in einer ständigen Abhängigkeit von Zufällen, von Dingen, die wir nicht beeinflussen können – manches ist einfach auch Glück. Langsam begann ich, zu akzeptieren, dass das Scheitern dazugehört, und entwickelte Demut vor dem, was ich mache."

(Philipp Lahm, 2014, o.S.)

Ein Kernproblem im Bereich der mentalen Fitness stellt der oftmals fehlerhafte Umgang mit Erfolg und Misserfolg dar, an dieser Stelle müssen viele Athleten die Bereitschaft entwickeln, gewohnte Denkmuster zu durchbrechen, um tatsächlich Fortschritte erzielen zu können.

Meine Grundannahme hierzu lautet: Erfolg definiert sich darüber, dass wir alles in unseren Fähigkeiten Liegende getan haben, um eine Trainingseinheit gut zu absolvieren oder um einen Wettkampf erfolgreich zu bestreiten. Wenn wir dieses getan haben, können wir mit uns zufrieden sein, hingegen sollten wir immer dann unsere sportliche Leistung als Misserfolg bewerten, wenn wir uns selber etwas vorzuwerfen haben.

> **ÜBUNG: WIE GROSS WAR DER EIGENE ERFOLG BISLANG WIRKLICH?**
> Machen Sie die Probe aufs Exempel, indem Sie Ihr Leistungsverhalten in den vergangenen drei Monaten kritisch analysieren:
>
> - In wie vielen Trainingseinheiten haben Sie alles in Ihren Möglichkeiten Liegende dafür getan, dass Sie tatsächlich eine erfolgreiche Trainingseinheit absolvieren konnten (hierzu zählt nicht nur die Trainingseinheit selber, sondern selbstverständlich auch die eigene Vorbereitung darauf)? Was hätten Sie verbessern können? Warum haben Sie es nicht getan?

> **ÜBUNG: WIE GROSS WAR DER EIGENE ERFOLG BISLANG WIRKLICH?**
> - In wie vielen Wettkampfsituationen haben Sie alles in Ihren Möglichkeiten Liegende dafür getan, dass Sie tatsächlich einen erfolgreichen Wettkampf absolvieren konnten (auch dabei geht es nicht nur um den Wettkampf an sich, sondern zudem um die eigene Vorbereitung darauf)? Was hätten Sie verbessern können? Warum haben Sie es nicht getan?
> - Wieviel ungenutztes Potenzial erkennen Sie bei dieser Analyse? Welche Konsequenzen ziehen Sie hieraus?

Der entscheidende Unterschied zu unseren gängigen Vorstellungen von Erfolg und Misserfolg liegt darin, dass dieser Gütemaßstab uneingeschränkt unter unserer eigenen Kontrolle steht. Also: Wir haben es in jeder Leistungssituation selber in der Hand, ob wir erfolgreich sind oder aber Misserfolg erleben.

In der Regel orientieren sich Athleten jedoch ausschließlich an dem „zählbaren" Erfolg, dies ist aber in langfristiger Perspektive ein Trugschluss: Wir können durchaus in einem Wettkampf positiv abschneiden, obwohl dieses bei kritischer Analyse jedoch einen persönlichen Misserfolg darstellt – umgekehrt können wir erfolgreich sein, auch wenn das Wettkampfergebnis dies nicht auf den ersten Blick vermuten lässt.

Was wir erkennen müssen ist der Umstand, dass mentale Probleme gerade dadurch entstehen, dass wir zu der Überzeugung gelangen, eine Situation nicht kontrollieren zu können. Fakt ist jedoch, dass wir niemals alle Komponenten einer Leistungssituation kontrollieren werden – die Stärke unserer Gegner, die konkreten Wettbewerbsbedingungen, die stets ein wenig schwankende Tagesform usw. Die Wahrnehmung fehlender Kontrolle erzeugt bei uns Unsicherheit und schwächt die eigene mentale Fitness. Die Konzentration auf die von uns kontrollierbaren Komponenten der Leistungssituation jedoch gibt uns mentale Stärke und Sicherheit.

Und hinzu kommt Folgendes: Athleten, die dieses Prinzip konsequent anwenden und verinnerlichen, werden über kurz oder lang „zwangsläufig" auch ihre „zählbaren" Erfolge verbessern. Also: Wir haben es selber in der Hand, ob wir Erfolg oder Misserfolg erleben!

2.5 Entspannung fördert Leistungsbereitschaft und Leistungsfähigkeit

Das sagen die Profis

„Ich habe die innere Stimme verstummen lassen, die mir immer gesagt hat: Pausen sind schlecht. Du musst aktiv sein und das durchziehen. Ich behandle meinen Körper gut, dann kann ich auch Leistung von ihm erwarten."
(Britta Steffen, zit. n. Großekathöfer & Hacke, 2009, S. 137)

Will man im Sport kontinuierlich gute Leistungen erbringen, kostet dies Kraft – in physischer, aber auch in mentaler Hinsicht. Da der menschliche Akku nicht über unbegrenzte Kapazitäten verfügt, müssen wir ihn immer wieder „aufladen" (und dies mit zunehmendem Alter in immer kürzeren Zeitabständen). Phasen der Entspannung sind von daher nicht nur für unser Wohlbefinden, sondern eben auch zur Stärkung unseres Leistungsvermögens wichtig.

Vielen Menschen fällt es allerdings erstaunlich schwer, sich gezielt und effektiv zu entspannen, und so manche Freizeitaktivität gerät dann doch wieder mehr zur subjektiven Belastung statt zur Entlastung. Den Möglichkeiten der Entspannung sind prinzipiell keine Grenzen gesetzt – entscheidend ist, dass wir uns der Bedeutung von Entspannung bewusst werden, uns überlegen, auf welche Weise wir uns besonders gut entspannen können, und diese Formen der Entspannung dann auch regelmäßig einsetzen. Auf diese Weise stärken wir unsere psychische und physische Stabilität und damit auch unser grundsätzliches Leistungsvermögen, eben auch in Phasen des Trainings und des Wettkampfs.

Hinzu kommt, dass Wettkämpfe zwangsläufig mit einem gewissen Grad der Anspannung verbunden sind, weshalb es durchaus hilfreich ist, sich in verfügbaren Pausen während eines Wettkampfs gezielt und effektiv entspannen zu können. Hierbei können spezifische Entspannungsmethoden helfen (diese sollten jedoch unbedingt unter fachkundiger Anleitung erworben werden), dies ist aber nicht zwingend erforderlich. Wir müssen für uns selber die Möglichkeiten austesten, die für uns ganz persönlich wirksam und hilfreich sind.

> **ÜBUNG: ENTSPANNUNG**
>
> - Schreiben Sie einmal spontan auf, welche Möglichkeiten der kurz- und langfristigen Entspannung Ihnen einfallen.
> - Nun schauen Sie auf Ihr eigenes Verhalten:
>   - Wie versuchen Sie sich in der Regel zu entspannen? Was machen Sie konkret?
>   - Was hilft Ihnen, was hilft Ihnen eher nicht? Welche Ansatzpunkte der Veränderung sehen Sie?
>   - Welche Bedeutung messen Sie bislang der Entspannung in Leistungssituationen bei? Welche Ansatzpunkte der Veränderung sehen Sie?

2.6 Ohne Disziplin keine gute Leistung

Das sagen die Profis

„Viele Mädchen haben das Zeug zu einer großen Tenniskarriere, aber nur wenige haben die Selbstdisziplin, die dazu nötig ist."

(Steffi Graf, zit. n. Sprenger, 2004, S. 199)

Disziplin wird gerne als „Sekundärtugend" bezeichnet und durchaus manchmal etwas herablassend in Verbindung gebracht mit Engstirnigkeit oder auch Pedanterie und Borniertheit. Tatsache ist jedoch: Für jeden, der eine herausgehobene Leistung erbringen will, und für jeden, der sich in seinem Leistungsverhalten dauerhaft und stetig verbessern will, ist Disziplin unabdingbar.

Natürlich kennen wir alle die Beispiele von Menschen, denen der Erfolg quasi „zugeflogen" kam, die nicht wirklich hart dafür arbeiten mussten. Lassen wir uns aber nicht täuschen, denn dies sind die absoluten Ausnahmen. Die Regel, gerade auch im Sport, ist eine andere: Systematische und vor allem kontinuierliche Arbeit stellt die primäre Grundlage für Erfolg dar.

Bedenken wir dabei: Niemand zwingt uns dazu, uns im Sport zu verbessern. Wenn wir es aber tatsächlich ernst damit meinen, dann müssen wir eben auch Taten folgen lassen. Und zwar Taten der Disziplin in allen Bereichen, die unser Trainings- und Wettkampfverhalten tangieren. Dies fängt bei der Sicherstellung der erforderlichen Ausrüstung an, geht weiter über die Pünktlichkeit und die Einhaltung grundlegender Regeln einer angemessenen Ernährung bis hin zu der Frage, ob wir bereit sind, jederzeit im Training und im Wettkampf alles zu geben. Wenn wir genau darüber nachdenken, finden wir also eine Vielzahl von Faktoren, bei denen sich

Fragen der Disziplin stellen – und genau anhand dieser Faktoren können wir unsere Disziplin optimieren. Besonders positiv dabei ist, dass wir hierzu nicht mehr als einen eigenen Willen benötigen, wir haben es also allein in unserer Hand, diszipliniert zu handeln!

ÜBUNG: WIE SIEHT ES MIT DER EIGENEN DISZIPLIN AUS?
- Was fällt im Training und Wettkampf aus Ihrer Sicht alles in die Rubrik „Disziplin"? Schreiben Sie alle Punkte auf, die Ihnen dazu einfallen.
- Nun blicken Sie auf Ihr eigenes Verhalten:
  - In welchen Bereichen sind Sie besonders gut, in welchen Punkten gibt es Verbesserungsbedarf?
  - Sind Sie zu Veränderungen überhaupt bereit?
  - Wenn ja, wie lassen sich Veränderungen sicherstellen und überprüfen?
  - Es ist hilfreich, bei dieser Analyse auch die Meinung des Trainers oder die Meinung anderer Personen aus dem eigenen Umfeld hinzu zu ziehen!

2.7 Den richtigen Stellenwert des Sports erkennen

Das sagen die Profis

„Mein Vater quält mich nicht mehr. Er wütet nicht mehr herum und schreit: ‚Ich werde aus dir einen Champion machen!' Er hat inzwischen verstanden, dass ich dabei fast vor die Hunde gegangen wäre. Er freut sich über meine früheren Siege, auch wenn ich da mal einen Satz verloren habe. [...] Auch ich verstehe ihn heute besser. Ich fühle mich nicht mehr gefangen. Das habe ich mir als Kind immer gewünscht."

(Andre Agassi, zit. n. Leinkauf, 2009, o.S.)

Ob nun als Freizeit- oder als Leistungssportler, es ist unstrittig, wie viel Positives wir aus unseren Erfahrungen im Sport ziehen können. Dies gilt gerade auch für die mentale Fitness, viele Hinweise hierzu lassen sich auf andere Bereiche unseres Lebens, bspw. auf das Berufsleben, übertragen. Aber auch soziale und kommunikative Kompetenzen durch den Umgang mit anderen Menschen und Gruppen, Erkenntnisse über die eigene Person in schwierigen Situationen usw. können für uns grundsätzlich hilfreich sein. Dies ist die eine Seite der Medaille.

Auf der anderen Seite sollten wir aber auch im Blick haben, dass der Sport stets einen angemessen Stellenwert in unserem Leben besitzen sollte: Für die meisten von uns ist es eine Freizeitbeschäftigung, die wir zwar leistungsorientiert, aber mit Spaß angehen, die jedoch keineswegs zur Kompensation dienen soll für das, was uns in anderen Bereichen des Lebens vielleicht nicht gelingt. Und selbst für einen professionellen Athleten ist es wichtig zu erkennen, dass der Sport bei aller notwendigen Fokussierung nicht zum einzigen Lebensinhalt werden darf. Eine solche falsche Überzeugung gerade auch mancher Trainer (oder überehrgeiziger Eltern) hat der Persönlichkeitsentwicklung schon so mancher Schützlinge keineswegs gut getan – und führt im Übrigen auch längerfristig wiederum zu mentalen Problemen, die ihren Niederschlag letztlich wieder in der sportlichen Leistung finden.

ÜBUNG: WELCHE BEDEUTUNG NIMMT DER SPORT IM LEBEN EIN?
- Wie würden Sie den Stellenwert Ihrer eigenen sportlichen Aktivitäten in Ihrem Leben beschreiben?
- Wie wichtig ist der Sport gegenüber anderen Bereichen, warum ist das so?
- Sind Sie der Meinung, daran etwas ändern zu müssen? Wenn ja, auf welche Weise sollte dies geschehen?
- Welche Haltung hat Ihr Umfeld dazu?

3. Tennis als Wettkampfsport: Der Kampf „Eins gegen Eins"

Das sagen die Profis

„Im Tennis [...] kannst du dich nur auf dich selbst verlassen, jedes Spiel hat eine eigene Geschichte und jeder Gegner verkörpert dein Leben in diesem Moment."
(Boris Becker, 2011, o.S.)

Im Laufe meiner sportpsychologischen Beratungstätigkeit habe ich immer wieder von Tennisspielern gehört, dass gerade Tennis das Spiel der Egozentriker sei: Tennis mache einsam, lasse eigentlich keine Freundschaften in der „Szene" zu, vielmehr sei jeder Spieler permanent auf sich alleine gestellt.

Wenngleich Aussagen dieser Art sicherlich übertrieben und auch ein wenig dramatisch anmuten, so schwingt dabei doch eine gehörige Portion Wahrheit mit.

Tennis ist ein Individual- und kein Mannschaftssport. Das Doppel und die so genannten Ligaspiele stellen Ausnahmen dar, ich werde mich diesen beiden Aspekten in Kap. 8 noch widmen.

Im Gegensatz zu einer Mannschaftssportart ...

- gibt es keine Mitspieler, die uns beeinträchtigen, aber auch keine, die uns unterstützen können,
- sind wir alleine für unsere Erfolge, aber eben auch für unsere Misserfolge verantwortlich,
- gibt es niemanden, auf den wir Rücksicht nehmen müssen,
- liegen die Ursachen für alles Gute und Schlechte in uns selber.

Diese kurze Aufzählung zeigt bereits: Das Einzelspiel hat im Vergleich zur Mannschaftssportart seine Sonnen- und Schattenseiten.

Unstrittig ist, dass so genannte soziale Kompetenzen (also etwa Verantwortung übernehmen für andere, Team- und Kommunikationsfähigkeit, Eingliederung in die Gruppe usw.) sicherlich weit weniger trainiert werden als in einer Mannschaftssportart wie Fußball, Basketball oder Handball. Zwar wird auch beim Tennis durchaus in Gruppen trainiert, dennoch ist der Wettkampf stets eine Auseinandersetzung des einzelnen Athleten mit einem anderen Athleten. Gerade im Kindes- und Jugendalter ist es von daher hilfreich, neben dem Tennis noch eine zweite, und dann eben eine Mannschaftssportart, auszuüben. Darüber hinaus sollte man als Trainer (etwa in Kadergruppen) stets darauf achten, immer wieder Elemente aus dem Mannschaftssport in den Trainingsplan zu integrieren, um eben solche Kompetenzen bei den Athleten zu stärken.

Tennis ist zudem eine besondere Form des Individualsports, da es stets um die direkte Auseinandersetzung mit einem einzelnen Gegner geht. Im Gegensatz etwa zum Schwimmen oder vielen Disziplinen der Leichtathletik, in denen es darum geht, für sich die bestmögliche Leistung abzurufen, um dann im Vergleich zu den anderen zu bestehen, wird das eigene Leistungsverhalten (und der damit verbundene Erfolg oder Misserfolg) unmittelbar von dem Verhalten des Gegners auf der anderen Seite des Platzes beeinflusst.

Neben grundlegenden psychologischen Faktoren im Sport (Selbstvertrauen, Umgang mit Erfolg und Misserfolg, positive und negative Gedanken usw.) spielen insofern spezifische psychologische Faktoren beim Tennis eine hervorgehobene Rolle – diese ergeben sich aus dem Kampf der Akteure gegeneinander, also aus dem Wechselspiel von Agieren und Reagieren.

Tennis ist also stets der Wettkampf „Eins gegen Eins". Beiden Akteuren sind dabei die Regeln bekannt. Sicher ist, dass es am Ende des Wettkampfes einen Sieger und einen Verlierer geben wird, denn ein Unentschieden ist nicht möglich, egal, wie ausgeglichen ein Match im Einzelfall verläuft.

Eine manchmal sicherlich „brutale" sportliche Situation, deren Tragweite man auf den verschiedenen Turnierebenen an den Reaktionen der Athleten nach einem Match oft eindrucksvoll beobachten kann: Ungebremste Wut, erstickende Tränen, apathisches Schweigen sind nur einige Ausdrücke von Gefühlen, welche die zum Teil doch sehr hohe psychische Herausforderung für die Athleten erahnen lässt. Wie gesagt, finden sich diese Reaktionen auf allen Leistungsebenen, sie finden sich bei Männern und Frauen, sie finden sich in den verschiedensten Altersstufen. Und es zeigt sich, dass die *spielerische Komponente* des Tennis stark in den Hintergrund des persönlichen Erlebens rückt, es dominiert der *Wettkampfcharakter*.

Dies alles spricht nicht gegen den Wettkampfsport Tennis, ganz im Gegenteil: Für ein Ziel zu kämpfen, Erfolge über andere (und zum Teil über sich selber) zu erringen, sich durchzubeißen, vor allem aber auch einen positiven Umgang mit Niederlagen zu erleben, das alles sind sehr positive Effekte des Tennissports. Wichtig ist jedoch, dass man sich als Athlet dieser spezifischen Bedingungen bewusst ist und sich darauf einlassen will, wenn man sich (egal in welcher Form) für Tennis als Wettkampfsport entscheidet. Und es sind zudem die betreuenden Eltern und Trainer, die dafür Sorge tragen müssen, dass Kinder und Jugendliche entsprechend angeleitet und betreut werden, wobei gerade für sie stets die Freude am Spiel im Vordergrund stehen sollte[3].

Viel zu oft können wir jedoch auf dem Tennisplatz Spieler beobachten, bei denen die Herausforderung des Wettkampfsports zu einer Belastung geworden ist. Diese Spieler zeigen deutliche mentale Defizite, die nicht nur ihr Leistungsvermögen reduzieren, sondern in erheblichem Maße auch das subjektive Selbstvertrauen schädigen und darüber die Freude am Tennis generell aufs Spiel setzen.

ÜBUNG: DIE PSYCHOLOGISCHEN REGELN IM TENNIS
- Sind Sie sich der oben beschriebenen Regeln bewusst? - Inwieweit wird Ihr eigenes Verhalten auf dem Platz davon beeinflusst? - Inwieweit lassen Sie sich von dem Gegner auf dem Platz beeinflussen? - Dominiert bei Ihnen der Spaß am Spiel oder eher der Wettkampfcharakter? Machen Sie nun die Probe aufs Exempel: - Führen Sie sich eine Situation aus der Vergangenheit vor Augen, die Sie mit Blick auf die beschriebenen Faktoren für sich als besonders positiv erlebt haben. Schreiben Sie die wichtigsten Merkmale dieser Situation auf. - Anschließend führen Sie sich bitte eine Situation aus der Vergangenheit vor Augen, die Sie mit Blick auf die beschriebenen Faktoren für sich als besonders negativ erlebt haben. Schreiben Sie auch hierzu die wichtigsten Merkmale auf. - Vergleichen Sie nun die beiden Ergebnisse miteinander: Welche Komponenten machen den entscheidenden Unterschied aus? Welche Konsequenzen können Sie hieraus ziehen?

---

3 Ich habe mich hierzu detailliert in dem Ratgeber „Kinder und Jugendliche im Leistungssport – eine Herausforderung für Eltern und Trainer. Ein pädagogisch-psychologischer Leitfaden" geäußert, auf den ich an dieser Stelle nur verweisen kann.

4. Klassische Problemfelder mentaler Fitness im Tennis

Im Tennis zeigen sich mentale Stärken und Schwächen vor allem in …

- der Auseinandersetzung mit dem Gegner,
- der Auseinandersetzung mit spezifischen Matchsituationen,
- die Auseinandersetzung mit spezifischen Trainingssituationen.

4.1 Die Auseinandersetzung mit dem Gegner

Das sagen die Profis

> „So gehe ich in jedes Spiel. Immer mit dem Gedanken: das ist ein Gegner, der Weltklassetennis spielen kann, der es draufhat, mich zu schlagen. Wenn du diesen Respekt nicht hast, kannst du nichts werden in diesem Sport. Sorglosigkeit darfst du nicht haben, das ist der Anfang vom Ende."
>
> (Rafael Nadal, zit. n. Allmeroth, 2013, o.S.)

Wie oben bereits angedeutet, ist Leistung keineswegs ein objektives Kriterium, es ist vielmehr stets gebunden an einen *Gütemaßstab*, den wir uns selber setzen (oder den andere für uns setzen, bspw. Trainer oder auch Eltern).

> Nehmen wir zur Veranschaulichung ein Beispiel aus der Mathematik: Die Lösung der Rechenaufgabe „7 mal 9" stellt für ein Grundschulkind eine Leistung dar, bei einem Erwachsenen würden wir dies jedoch nicht als besondere Leistung einstufen, dafür ist die Aufgabe schlichtweg zu leicht. Stellen wir einem Erwachsenen nun die Rechenaufgabe „325 mal 764" und er könnte diese Aufgabe nicht aus dem Kopf bewältigen, so würde er dieses Nichtgelingen kaum als Misserfolg erleben, dafür ist die Aufgabe nämlich schlichtweg zu schwierig.

Mit diesem Ausflug in die Mathematik soll gezeigt werden, dass eine Leistungssituation stets zwei Komponenten beinhaltet:

- es muss prinzipiell die Möglichkeit gegeben sein, die Aufgabe erfolgreich zu bewältigen;
- es muss prinzipiell die Möglichkeit gegeben sein, bei der Bewältigung zu scheitern.

Beim Beispiel „7 mal 9" sind beide Optionen für das Grundschulkind gegeben, nicht aber für den Erwachsenen; beim Beispiel „325 mal 764" sind beide Optionen für den Erwachsenen und schon gar nicht für das Grundschulkind gegeben.

Übertragen wir das Beispiel nun auf die Wettkampfsituation im Tennis: Selbstverständlich wird unser Verhalten auf dem Platz ganz entscheidend von der Überlegung beeinflusst, inwieweit wir uns einen Erfolg zutrauen oder aber mit einem Misserfolg rechnen. Genau diese Einschätzung ist jedoch von unserem Urteil über das Leistungsvermögen des Gegners abhängig, das wir stets miteinschätzen. In der Regel tun wir dies, noch bevor wir auf den Platz gehen, selbst dann, wenn wir unseren Gegner überhaupt nicht kennen. Für unsere Meinung nutzen wir dann die Ranglisten- bzw. Leistungsklassenposition oder häufig auch Informationen anderer Spieler, mit denen wir uns über den Gegner im Vorfeld unterhalten haben. Entscheidend ist: Selbst wenn solche Einschätzungen oftmals nur sehr wenig darüber aussagen, wie die Gewinnchancen auf dem Platz tatsächlich verteilt sind (weil unterschiedliche Spielertypen mit dem einen oder anderen Gegner besser klarkommen, der Gegner gegenwärtig eine „Formkrise" hat o.ä.), prägen sie aber unsere Haltung, mit der wir auf den Platz gehen. Wie im Folgenden noch beschrieben wird, können sich aus derartigen Vorannahmen mentale Probleme ergeben, die eigentlich völlig unnötig sind. Und selbst wenn wir gänzlich „unbelastet" in den Wettkampf gehen, so nutzen wir die Zeit des Warm-Ups für eine solche Einschätzung, die nicht selten genauso wenig aussagekräftig, aber eben für unsere mentale Haltung auf dem Platz sehr entscheidend sein kann.

4.1.1 Die verschiedenen Spielertypen

Sicherlich können wir durch gezielte Hinweise anderer Spieler durchaus manches Mal wertvolle Informationen über unseren Gegner gewinnen, etwa zu seinem Spielstil oder zu möglichen Stärken und Schwächen. Dabei werden allerdings wesentlich vereinfachende Zuordnungen relevant, wir unterteilen nämlich unsere potenziellen Gegner in drei Kategorien:

- Gegner, denen wir im „Normalfall" überlegen sind
- Gegner, denen wir im „Normalfall" unterlegen sind
- Gegner, denen wir im „Normalfall" ebenbürtig sind

Rational und von außen betrachtet müssten ebenbürtige Gegner für uns die größte Herausforderung in einer Wettkampfsituation darstellen.

In der subjektiven Perspektive des jeweiligen Spielers kann dies aber ganz anders aussehen, und es ergeben sich hieraus spezifische Konsequenzen mit Blick auf die mentale Fitness. Wir können vor allem die nachfolgenden drei Spielertypen voneinander unterscheiden:

Spielertyp 1: Der Selbstsichere

Dieser Spielertyp zeichnet sich durch mentale Stärke aus und verfügt über eine realistische Einschätzung seines Leistungsvermögens. Gegenüber schwächeren Gegnern gibt er sich keine Blöße. Ebenbürtige Gegner betrachtet er für sich als eine Herausforderung, wobei er stets versucht, eine solche Leistungssituation positiv zu bewältigen. Gegenüber stärkeren Gegnern ist er sich seiner Unterlegenheit im „Normalfall" durchaus bewusst; er versucht allerdings, das Beste aus der Situation zu machen – seine mentale Stärke und die oftmals vorhandene mentale Schwäche seiner Gegner verhilft ihm dabei nicht selten zum unerwarteten Erfolg.

Spielertyp 2: Der Ängstliche

Das Denken dieses Spielertyps ist vor allem von der Maxime geprägt: „Misserfolg vermeiden!" In der logischen Konsequenz dieses Denkens blüht dieser Spielertyp von daher besonders auf, wenn er auf stärkere Gegner trifft; bei diesen Gegnern hat er nichts zu verlieren und er kann sich sicher sein, dass niemand von ihm einen Sieg erwartet. Er kann also ohne Druck spielen, und nicht selten wächst ein solcher Spieler in diesen Situationen tatsächlich über sich hinaus und ist zu Leistungen imstande, die man ihm vorher gar nicht zugetraut hatte.

Dies hört sich zunächst durchaus zielführend an, wir könnten also zunächst daraus schließen, dass sich in einer solchen Situation quasi mentale Schwäche in mentale Stärke verwandelt. Unzählige Beispiele machen uns dann aber doch klar, dass dies im Endeffekt aber doch nicht so ist – wenn dieser Spielertyp nämlich das Match unverhofft so offen gestalten kann, dass er eine realistische Siegeschance besitzt und dieses auch für sich selbst registriert, findet in der Regel eine Neubewertung der Situation statt, weshalb die bis dahin vorhandene Leichtigkeit oftmals mit einem Schlag dahin ist.

Besonders problematisch sind für diesen Spielertyp aber Gegner, die er normalerweise leicht besiegen würde. Die Versagensängste sind bei dieser Konstellation besonders groß. Dies führt dazu, dass der Spieler derart verkrampft und gehemmt agiert, dass er häufig weit unter seinen Möglichkeiten bleibt. Zwar kann er aufgrund seiner spielerischen Überlegenheit durchaus – und trotz der mentalen Defizite – Spiele gewinnen, die negativen Erfahrungen überwiegen jedoch, und sie werden für die Zukunft sein Selbstbewusstsein auf dem Platz weiter schwächen. Im Falle eines zwar spielerisch unterlegenen, aber mental stärkeren Gegners, also einem selbstsicheren Spielertyp, können die Defizite durchaus auch zu „zählbaren" Niederlagen führen – zumal dann, wenn dieser selbstsichere Spielertyp die mentalen Defizite seines Gegenübers erkennt (dieses ist in der Regel der Fall), hieraus zusätzliche Stärke gewinnt, die er ggf. auch noch offen gegenüber dem Ängstlichen zeigt.

Ebenbürtige Gegner stellen für den ängstlichen Spielertypen eine Zwischenkategorie dar: Sicherlich sind die Versagensängste deutlich geringer als bei einem schwachen Gegner, sie sind aber andererseits höher als bei dem deutlich stärkeren Kontrahenten. Insofern hat durchaus auch diese Konstellation oftmals zur Folge, dass der Spieler aus der Befürchtung heraus, einen Misserfolg erleiden zu können, weit unter seinen Möglichkeiten bleibt.

In allen beschriebenen Fällen merkt dieser Spielertyp, dass er mit mentalen Schwächen zu kämpfen hat und vielfach unter seinen Möglichkeiten bleibt. Dies wird ihm auch von seinem Umfeld bescheinigt, oftmals will dieses ihn sogar aufmuntern (nach dem Motto: „Eigentlich hast du den Gegner ja im Griff!"). Das genaue Gegenteil ist aber der Fall: Erfahrungen dieser Art sind belastend und haben Folgewirkungen für den Umgang mit künftigen Leistungssituationen. Es können von daher sich-selbst-erfüllende Prophezeiungen entstehen, weil man sich selber immer weniger zutraut (und auch die anderen werden so reagieren). Das Problem weitet sich in der Folge stärker aus, es wird in immer mehr Situationen virulent und wird sich letztendlich bis in die Trainingssituation ausbreiten.

Spielertyp 3: Der Niedrigstapler

Dieser Spielertyp lebt quasi in zwei ganz verschiedenen Tenniswelten. In der ersten Tenniswelt hat er es mit potenziell schwächeren Gegnern zu tun, in dieser Welt fühlt er sich wohl: Er weiß sein Leistungsvermögen durchaus realistisch einzuschätzen, von daher betrachtet er die Situation auch nicht als bedrohlich und meistert sie in der Regel souverän – frei nach dem Motto: „Ich bin besser als diese Gegner, und ich werde deshalb auch gewinnen." In diesen Situationen demonstriert der Niedrigstapler dann auch Selbstvertrauen und mentale Stärke.

Eine völlig andere Tenniswelt zeigt sich hingegen beim Aufeinandertreffen mit solchen Gegnern, denen sich dieser Spielertyp unterlegen fühlt, wobei er diese wahrgenommene Unterlegenheit in der Matchsituation geradezu zelebriert. Sein Spielverhalten folgt der Einstellung: „Ich weiß, dass ich im Grunde nicht gewinnen kann, was soll ich also tun?" Im Gegensatz zum selbstsicheren Spielertyp, der in solchen Situationen durchaus aktiv versucht, sich Chancen zu erarbeiten (was nicht selten auch gelingt), resultieren beim Niedrigstapler Gefühle der Hilflosigkeit und in der Folge eine sinkende Motivation, das Beste aus den gegebenen Bedingungen zu machen. Von daher endet das Match quasi im Sinne einer sich-selbst-erfüllenden Prophezeiung meist so, wie es von vornherein erwartet wurde, nämlich mit einer Niederlage.

Gegenüber Gegnern, die dieser Spielertyp als ebenbürtig betrachtet, ist sein Matchverhalten sehr entscheidend vom anfänglichen Spielverlauf geprägt. Je nachdem, wie die erste Phase der Auseinandersetzung verläuft, wird bei ihm nämlich im positiven Fall die Wahrnehmung „sichere Herausforderung" (ähnlich der Ausgangsposition bei schwächeren Gegnern) oder eben im negativen Fall die Wahrnehmung „unsichere Bedrohung" (ähnlich der Ausgangsposition bei stärkeren Gegnern) gefördert, wodurch in mentaler Hinsicht der weitere Verlauf in die jeweilige Richtung forciert wird. In jedem Fall ist der Niedrigstapler also auch in dieser Konstellation anfällig, und je nach Spielverlauf kann sein Matchverhalten durchaus auch während der Auseinandersetzung noch mental „kippen".

ÜBUNG: SPIELERTYPEN
• Welchen der drei beschriebenen Spielertypen würden Sie sich am ehesten zuordnen?
• War das schon immer so, oder hat sich dies im Laufe Ihrer persönlichen Tenniskarriere verändert?
• Welche Ursachen gibt es hierfür?
• Inwieweit spielt Ihr Umfeld dabei eine wichtige Rolle?

4.1.2 Ursachen für die Herausbildung eines spezifischen Spielertypus

Zunächst sei mit Blick auf die drei vorgestellten Spielertypen angemerkt, dass es sich hierbei sicherlich um eine Vereinfachung handelt, welche der Veranschaulichung dienen soll, denn selbstverständlich steht außer Frage, dass jeder Tennisspieler eine individuelle Spielerpersönlichkeit mit seinen jeweiligen Stärken und Schwächen besitzt. Nichtsdestotrotz hilft eine solche Typologie, das Geschehen auf dem Platz besser zu analysieren und zu verstehen. Die drei skizzierten Spielertypen können wir nämlich vom Freizeitsektor bis hin zum Hochleistungsbereich in erstaunlicher Regelmäßigkeit wiederfinden.

Die kurze Skizzierung der drei Spielertypen offenbart hinsichtlich der mentalen Fitness ganz klassische Problemfelder, die sich vor allem für den Ängstlichen und den Niedrigstapler ergeben, während der Selbstsichere ein deutlich positiveres Verhalten auf dem Platz zeigt. Die Frage ist also: Wieso wird ein aktiver Tennisspieler zu einem bestimmten Spielertyp? Und die wohl noch wichtigere Frage lautet dann: Was können wir unternehmen, um auf dem Platz selbstsicher(er) zu agieren und demzufolge Verhaltensmuster des Ängstlichen und des Niedrigstaplers zu vermeiden?

Hierfür müssen wir uns mit den typischen Ursachen beschäftigen, die für die Herausbildung eines spezifischen Spielertypus verantwortlich sind. In dieser Hinsicht lassen sich zwei zentrale Ursachen ausmachen:

Faktor 1: Angst vor dem Versagen

„Nur eines macht sein Traumziel unerreichbar: die Angst vor dem Versagen."
(Paulo Coelho, Der Alchimist, S. 148)

Jedes Training (und vor allem jede Einheit mit Wettkampfcharakter), mindestens aber jedes Turniermatch stellt eine Leistungssituation für den Spieler dar, an deren Ende er entweder Gefühle des Erfolgs oder aber des Misserfolgs erlebt.

Als Leistungssportler sind wir es gewohnt, als Kriterium für Erfolg oder eben Misserfolg das zählbare Ergebnis heranzuziehen, d.h. den erzielten Sieg oder die erlittene Niederlage: Erfolgreich sind wir demnach, wenn wir gegen den Gegner gewonnen haben, Misserfolg erleben wir, wenn wir das Match verloren haben.

Dass wir genau diesen *Bewertungsmaßstab* heranziehen, lernen wir als Tennisspieler im Laufe unserer „Sportlerkarriere". Bereits Kinder und Jugendliche machen die Erfahrung, dass Eltern, Trainer oder auch Freunde sich bei der Beurteilung der erbrachten Leistung an erster Stelle an dem „objektiven" Ergebnis, an Sieg oder Niederlage orientieren. Ob in Turnieren, bei Punktspielen oder selbst in vielen Trainingseinheiten, immer ist letztendlich das Ergebnis ausschlaggebend. Häufig sind zwar Sätze zu hören wie „der Trainingsfortschritt ist viel wichtiger als das Ergebnis", „entscheidend ist, dass meine Tochter Spaß am Spiel hat" oder „er soll nur alles geben auf dem Platz, dann bin ich zufrieden"; dennoch wird die Mehrheit der Tennisspieler die Erfahrung bestätigen, dass sich der (eigene) Bewertungsmaßstab letztlich eben doch auf das erzielte Resultat bezieht.

Zum Verständnis der mentalen Stärken und Schwächen auf dem Tennisplatz spielt das *Leistungsmotiv* eines jeden Menschen eine entscheidende Rolle. Das Leistungsmotiv setzt sich aus dem Erfolgsmotiv (Suche nach Erfolg) und dem Misserfolgsmotiv (Vermeiden von Misserfolg) zusammen, wobei Personen sich dahingehend unterscheiden, welches dieser beiden Motive in einer Leistungssituation überwiegt. Wie wir noch sehen werden, sind diese Unterschiede das Ergebnis der gemachten Erfahrungen im Umgang mit Leistungssituationen.

Motivationspsychologisch besonders günstig ist es selbstverständlich, wenn ein Spieler *erfolgsmotiviert* ist: Er ist bestrebt, Erfolg zu haben, und sucht in der Wettkampfsituation den Erfolg. Dieses Motivationsmuster zeichnet den selbstsicheren Spielertyp aus. Er betrachtet die Leistungssituation als Herausforderung, wobei er sich durchaus bewusst ist, dass er prinzipiell scheitern kann – aber er hat davor keine Angst.

Im Gegensatz hierzu zeichnen sich der ängstliche Spielertyp und auch der Niedrigstapler durch eine überwiegende *Misserfolgsmotivierung* aus, denn sie suchen nicht den Erfolg, sie versuchen vielmehr, den Misserfolg zu vermeiden. Dabei unterscheidet sich die Vermeidung des Misserfolgs psychologisch gravierend von der Suche nach Erfolg: Im Vordergrund des sportlichen Handelns steht nämlich im ersten Fall nicht der positive Wille zum Erfolg, sondern stattdessen das ängstliche Bestreben, den Misserfolg zu verhindern. Die Leistungssituation ist insofern (anderes als beim selbstsicheren Spielertyp) keine Herausforderung, der man sich aktiv, engagiert und nach vorne gerichtet stellt. Vielmehr stellt die Leistungssituation eine

Bedrohung dar, die man fürchtet und in der man passiv reagiert, um nur „irgendwie" der Konsequenz des Versagens entgehen zu können.

Wie oben bereits angedeutet, sind derartige Versagensängste nicht zwangsläufig angeboren, sie sind vielmehr das Resultat einer jeweils individuellen Entwicklungsgeschichte.

ÜBUNG: DER UMGANG MIT POTENZIELLEN VERSAGENSÄNGSTEN
- In welchen Situationen glauben Sie, zu versagen? - Fühlen Sie sich Ihnen gegenüber als Versager? Welche Reaktionen werden bei Ihnen ausgelöst? - Fühle Sie sich anderen Personen gegenüber als Versager? - Wie reagiert Ihr Umfeld auf Sie, wenn Sie einen Misserfolg erleben? - Haben Ihre Versagensängste zu- oder abgenommen? Welche Gründe gibt es hierfür?

Eine ehrliche und offene Auseinandersetzung mit diesen Fragen kann bei der Ursachenanalyse sehr hilfreich sein. Meistens wird dabei relativ schnell klar, dass eigene bzw. von anderen Personen übernommene Erwartungen einen massiven Leistungsdruck aufgebaut haben, welcher die Leistungssituation zur unangenehmen Bedrohung werden lässt. Wie stark ein solcher Druck für viele Tennisspieler werden kann, verdeutlichen typische „Fluchtreaktionen", um mit diesem Druck fertig zu werden. Diese Reaktionen dürften jedem Spieler aus der Wettkampfpraxis geläufig sein.

1. Der Spieler entzieht sich dem Druck durch Krankheit oder Verletzung

Die einfachste (und sicherste!) Strategie, Misserfolg zu vermeiden, besteht natürlich darin, sich erst gar nicht der Situation zu stellen. Aus dieser Logik ergeben sich wiederum mögliche Konsequenzen für den Umgang eines mental schwachen Spielers mit einer Wettkampfsituation:

- Die moderne Medizin weiß mittlerweile, dass eine Reihe von Beschwerden psychogen verursacht oder zumindest von der psychischen Konstitution eines Menschen beeinflusst wird. Gerade auch das Schmerzempfinden kann sich von Person zu Person erheblich unterscheiden. Insofern besteht die Gefahr, dass auftretende Beschwerden bei mental schwachen Spielern zur Entziehung aus der Leistungssituation führen. Typische Beispiele dafür sind: Chronische Schulterbeschwerden führen immer wieder zur

Absage von Turnieren, heftige Kopf- oder Magenschmerzen am Turniertag machen einen Start nicht möglich, akute Rückenschmerzen bedingen einen Spielverzicht. Hierbei müssen wir im Auge haben, dass der Spieler nur in Ausnahmefällen seinem Umfeld bewusst die Beschwerden vortäuscht, vielmehr ist er meist subjektiv tatsächlich davon überzeugt, der Situation nicht ausreichend gewachsen zu sein.

- Hinzu kommen solche Wettkampfsituationen, in denen sich der Spieler zwar nicht physisch, dafür aber psychologisch dem Leistungscharakter der Situation entzieht: Er stellt sich zwar der Situation, aber aufgrund der ihm (und in der Regel auch seinem Umfeld) bekannten Einschränkungen hat er bereits eine Rechtfertigung für das antizipierte Scheitern parat, bevor auch nur der erste Ball geschlagen worden ist: „Eigentlich war ja von vornherein klar, dass ich mit diesen Beschwerden keine echte Chance haben konnte, aber ich habe es ja wenigstens versucht."

Selbstentlastende Entschuldigungen der zweiten Art können nun durchaus, auch wenn es zunächst paradox klingen mag, ganz erheblich dazu beitragen, den akuten mentalen Druck drastisch zu reduzieren – in der Folge wird das Leistungsvermögen des Spielers erheblich gesteigert. Zu dieser (Psycho-)Logik passen dann auch Beispiele von mental schwachen Spielern, die trotz einer gravierenden Störung während der Wettkampfvorbereitung (Autounfall auf dem Weg zur Anlage, schwerer familiärer Krankheitsfall usw.) bessere Ergebnisse erzielten, weil eine schlechte Leistung bereits im Vorfeld entschuldbar gewesen wäre; gleiches gilt für mögliche Einschränkungen im Matchverlauf aufgrund einer akuten Verletzung, sie kann sich (falls nicht zu schwerwiegend) also durchaus auch gewinnbringend auswirken. Ist wie im letztgenannten Beispiel das Handicap dem Gegner bekannt, wird für ihn der Druck des Gewinnens zwangsläufig erhöht.

Trotz solcher vermeintlichen Vorteile sollten Strategien dieser Art sicherlich nicht gezielt gefördert werden, langfristig erfolgversprechend sind nur die aktive Auseinandersetzung eines Athleten mit dem eigenen psychischen Geschehen und dessen gezielte Veränderung. Umso paradoxer mutet es aus sportpsychologischer Perspektive an, wie hartnäckig Spieler (und zum Teil auch das soziale Umfeld) immer noch etwaige mentale Defizite negieren und sich stattdessen einseitig auf „handfeste" Erklärungsmuster stützen, die eine Auseinandersetzung mit den eigenen mentalen Problemen nicht erforderlich machen. Es bedarf von daher durchaus noch Aufklärungsarbeit bei Funktionären, Trainern, Eltern und Athleten für das komplexe Zusammenspiel von Psyche und Physis auf das Erleben und Verhalten in sportlichen Leistungssituationen.

Das sagen die Profis

> *„Ich habe mich ja schon viel mit Psychologie beschäftigt und mir angeeignet. Für mich ist das sehr interessant. Ich werde auf jeden Fall das Gespräch suchen. Ich finde das super. Noch mal: Ich kann jedem nur empfehlen, sich nicht nur körperlich, sondern auch mental in Topform zu bringen. Da kann man als Sportler nicht nur den einen oder anderen Millimeter, sondern Zentimeter herausholen."*
>
> (Oliver Kahn, zit. n. Horeni, 2004, o.S.)

2. Der Spieler entzieht sich dem Druck durch unangemessene Verhaltensweisen auf dem Platz

Mit der nachfolgenden Strategie, sich psychologisch dem Druck der Leistungssituation zu entziehen, wird wohl jeder Tennisspieler schon einmal konfrontiert worden sein; es handelt sich um das unangemessene Verhalten auf dem Platz.

Eine Form eines solchen unangemessen Platzverhaltens ist das so genannte „Abschenken": Ein Spieler unternimmt dann offensichtlich keine Bemühungen, das Spiel zu gewinnen, er zeigt keinerlei Kampfesbereitschaft und ergibt sich quasi in die somit nicht zu verhindernde Niederlage. Misserfolg, der ja eigentlich verhindert werden soll, wird auf diese Weise bewusst herbeigeführt – eine widersprüchliche Situation, die sich aus psychologischer Sicht jedoch anders darstellt: Misserfolg setzt bei diesen Spielern gerade dann ein, wenn sie alles gegeben haben und dennoch verlieren. Auch sind sie der Überzeugung, dass das beobachtende Umfeld die Leistung in ähnlicher Weise bewertet. Die Strategie des „Abschenkens" wirkt dieser Gefahr entgegen, weshalb sie bevorzugt dann Anwendung findet, wenn sich das Match für einen Spieler in eine ungünstige Richtung entwickelt – Kommentare wie „ich habe ja gar nicht mehr versucht, zu gewinnen" oder „unter ‚normalen' Umständen wäre das Match ganz anders verlaufen" sind in diesem Zusammenhang typisch. Gerne suchen sich die Spieler auch einen plausiblen

Grund, um das eigene unfaire Verhalten zu rechtfertigen, so etwa ein ebenso unsportliches Verhalten des Gegners oder aber ein „unorthodoxer Stil".

Eine weitere, sehr häufig auftretende Form unangemessenen Platzverhaltens ist übertriebene Aggressivität. Gemeint sind damit nicht kleinere verbale Ausbrüche, mit denen der Spieler während eines Matches ab und an seinem Ärger einmal Luft macht; dies ist unproblematisch, solange hierdurch die Konzentration auf den weiteren Spielverlauf nicht behindert wird. Vielmehr ist hierunter ein Aggressionsniveau zu verstehen, das über einen längeren Spielverlauf andauert und den Spieler unfähig macht, sich der Wettkampfsituation noch konzentriert zu stellen. Ein solches Verhalten geht damit auch weit über gelerntes (bislang unzureichend geahndetes bzw. kontrolliertes) und darüber automatisiertes Verhalten hinaus, es findet gleichsam ein „Abschenken auf Raten" statt. Zwar kann auf diese Weise kurzfristig Frustration abgebaut werden, die Folgekosten für das eigene Leistungsvermögen sind jedoch gravierend. Die möglichen Formen der Aggressivität können dabei vielfältig sein, sie können sich auf den Gegner, den Platz, die eigene Person usw. richten, sie können sich verbal oder in Form von Materialschädigung äußern. Grundsätzlich sollte jegliche Aggressivität, die gegen andere Personen gerichtet ist oder die Schädigung von Sachen zur Folge hat, ein Tabu darstellen und entsprechend negativ sanktioniert werden. Für dieses Verhalten darf es in keiner Altersstufe und keiner Leistungsklasse einen Ermessensspielraum geben.

Solche Formen problematischen aggressiven Verhaltens können neben dem Wettkampf auch in Trainingssituationen auftreten (die ja häufig ebenfalls durch einen Wettkampfcharakter geprägt sind). Gerade im Jugendbereich haben viele Trainer ihre liebe Mühe, wobei sie in der Regel versuchen, unangemessenes Trainingsverhalten auf dem Platz durch disziplinarische Maßnahmen einzuschränken. Wenngleich mitunter kurzfristig erfolgreich, wird über solche Sanktionen (bspw. zusätzliches Konditionstraining, Zahlung kleinerer Geldbeträge, temporärer Ausschluss vom Training) lediglich eine *Unterdrückung* des unerwünschten Verhaltens bewirkt, keineswegs jedoch eine tatsächliche Verhaltensveränderung erzielt. Hierfür müssen sich Spieler und Trainer mit den eigentlichen Ursachen solchen Fehlverhaltens auseinandersetzen, im Leistungs- und Hochleistungsbereich mit kompetenter sportpsychologischer Unterstützung.

Faktor 2: mangelndes Selbstvertrauen

Die oben beschriebene Angst, vor sich oder anderen Personen zu versagen, ist oftmals verbunden mit einem weiteren zentralen Faktor für fehlende mentale Stärke in der Leistungssituation, nämlich einem mangelnden Selbstvertrauen: *Selbstvertrauen in der Leistungssituation* lässt sich begreifen als das Vertrauen in die eigenen Fähigkeiten, die anstehende Situation erfolgreich bewältigen zu können, es speist sich in erster Linie aus einem sichverlassen-Können auf die eigenen Bewältigungsstrategien im Umgang mit der Situation. Ist diese Form von Selbstvertrauen in ausreichendem Maße gegeben, wird die Situation als positiv herausfordernd, im entgegengesetzten Fall jedoch als negativ bedrohend wahrgenommen. Hierbei ist besonders wichtig zu erkennen: Es ist psychologisch weniger wichtig, ob effektive Bewältigungsstrategien tatsächlich vorhanden sind oder aber nicht, entscheidend ist vielmehr, ob der Athlet der Überzeugung ist, über diese (nicht) zu verfügen – vielfach werden nämlich im Zuge fehlenden Selbstvertrauens die prinzipiell durchaus vorhandenen Potenziale nicht erkannt.

Wie im Falle auftretender dauerhafter Versagensängste wird mangelndes Selbstvertrauen nicht durch ein paar empfindliche Niederlagen ausgelöst, vielmehr handelt es sich ebenfalls um das Ergebnis eines langfristigen Entwicklungsprozesses, an dem wiederum das engere soziale Umfeld maßgeblich beteiligt ist: Inwieweit vermitteln Eltern ihrem sporttreibenden Kind, Vertrauen in die eigenen Fähigkeiten und Talente zu haben? Wie sehr zeigen Trainer ihrem Spieler, dass sie seinem Leistungsvermögen vertrauen? Selbstvertrauen entwickelt der Mensch nicht aus sich heraus, Selbstvertrauen ist zunächst das Resultat entgegengebrachten Vertrauens anderer Menschen in die eigene Person. Wer in seiner Persönlichkeitsentwicklung erlebt, dass ihm Vertrauen entgegengebracht wird, der hat es leichter, Vertrauen zu sich selber aufzubauen. Wer hingegen die Erfahrung macht, dass ihm nur wenig Vertrauen geschenkt wird, wird mit entsprechend höherer Wahrscheinlichkeit dieses Fremdbild übernehmen und es zu seinem eigenen Selbstbild werden lassen.

Dieser Prozess entwickelt sich langsam, geradezu schleichend, und wird in der Regel vom sozialen Umfeld gar nicht beabsichtigt. Nichtsdestotrotz müssen sich Eltern, Trainer und weitere Bezugspersonen immer wieder aufs Neue sehr selbstkritisch hinterfragen, inwieweit sie durch einzelne

Handlungen, zum Teil schon durch kleine, unausgesprochene Gesten einem Athleten vermitteln, nicht ausreichend an ihn und sein Leistungsvermögen zu glauben.

Im Zuge sportpsychologischer Beratung wird im Einzelfall immer wieder erkennbar, wie mangelndes Selbstvertrauen bei einer Sportlerpersönlichkeit tiefe Wunden hinterlassen kann, die auch beim erwachsenen Athleten nur langsam und schrittweise verheilen. Gerade für Trainer, die eine solche Entwicklungsgeschichte eines ihnen anvertrauten Spielers in der Regel ja nicht kennen, ist es dementsprechend wichtig, eine grundlegende Sensibilität für mögliche Anzeichen in der Trainings- oder Wettkampfsituation (bspw. artikulierte Selbstzweifel, Frustrationsreaktionen) zu entwickeln, vor allem aber sich um ein offenes, vertrauensvolles Verhältnis zu bemühen, wodurch ein Athlet im Bedarfsfall ermutigt wird, das Gespräch mit dem Trainer zu suchen und sich zu öffnen.

Gerade mit Blick auf eine positive Persönlichkeitsentwicklung von Kindern und Jugendlichen kommt hinzu, dass Defizite im leistungsbezogenen Selbstvertrauen ja oftmals nicht nur auf einen spezifischen Bereich beschränkt bleiben, sondern sich auf viele Sektoren (Sport, Schule, weitere Freizeitaktivitäten usw.) beziehen können.

Hinterfragen wir uns an dieser Stelle einmal selbstkritisch: Wie häufig machen wir einer Person direkt oder indirekt deutlich, dass sie doch besser die Finger von einer Sache lassen sollte, dass die kleine handwerkliche Aufgabe besser von dem Bruder zu bewältigen sei, dass Mathematik ja noch nie zu den Stärken der Person gehört hat, dass die Planung eines Events besser jemand anderes übernehmen sollte? Beispiele ließen sich sehr viele anführen – es sind genau diese vielen, für sich genommen unspektakulären Erfahrungen, die aber in ihrer *Gesamtheit* dazu beitragen, dass die Begründung von Selbstvertrauen erschwert wird.

Darüber hinaus müssen wir uns auch in weiterer Hinsicht des beschriebenen Zusammenhangs von Vertrauen und Selbstvertrauen bewusst werden: Die Bereitschaft, anderen Personen Vertrauen zu schenken, also ein Risiko einzugehen, das eigene Schicksal in die Hände anderer zu geben, ist eng mit dem Grad des eigenen Selbstvertrauens verbunden. Dies ist nicht überraschend, denn wie sollen wir selbst Vertrauen in unsere Möglichkeiten, Stärken und Kompetenzen aufbauen, wenn wir nicht zunächst die Erfahrung machen, dass andere Menschen uns in dieser Hinsicht vertrauen. In der Konsequenz heißt das allerdings, dass Athleten mit einem mangelnden Selbstvertrauen häufig über eine entsprechend geringe Vertrauensbereitschaft, etwa gegenüber dem eigenen Trainer, verfügen. Eine eher skeptische bis pessimistische (und eben nicht eine nach vorne gerichtete, optimistische) Grundhaltung hemmt damit zusätzlich den Entwicklungsprozess des Athleten – aus vielen Befunden der Vertrauensforschung wissen wir nämlich, dass Vertrauen bspw. in einen Trainer eine wichtige leistungsförderliche Variable darstellt, indem es u.a. die Bereitschaft erhöht, sich auf Veränderungen einzulassen, den Weisungen des Trainers zu folgen, aber auch von dessen wahrgenommenen Glauben in die eigenen Potenziale zu profitieren.

Die soeben beschriebenen Ursachen zur Herausbildung eines mental schwachen Spielertypus, nämlich Versagensängste und unzureichendes Selbstvertrauen, sind ebenfalls keine isolierten Einflussgrößen, auch sie bedingen sich wechselseitig: Versagensängste erhöhen die Wahrscheinlichkeit eines tatsächlichen Versagens und schwächen auf diese Weise das Selbstvertrauen. Fehlendes Selbstvertrauen wiederum begünstigt die Furcht, in der konkreten Leistungssituation versagen zu können und wird auf diese Weise leider oftmals zu einer sich-selbst-erfüllenden Prophezeiung.

Von welcher Seite man die Problematik auch immer betrachtet, fest steht: Versagensängste und fehlendes Selbstvertrauen lassen die Leistungssituation für den Athleten viel zu selten als Herausforderung erscheinen, vielmehr wird sie von ihm häufig als Bedrohung erlebt – und zwar in einer Form, der er sich vielfach nicht gewachsen fühlt, auf die er entsprechend unangemessen und damit wenig erfolgreich reagiert. Insofern stellt sich für uns die Frage, welche Möglichkeiten es gibt, die mentale Stärke eines Athleten gezielt zu fördern und – damit verbunden – positiven Einfluss auf den dargestellten negativen Wirkprozess zu nehmen.

4.2 Strategien zur Förderung der mentalen Fitness: Reduzierung von Versagensängsten und Steigerung des Selbstbewusstseins

Selbsterkenntnis ist der erste Schritt zur Besserung!

So banal dieser Satz zunächst klingen mag, so zutreffend ist er auch. Veränderung (soll sie denn nachhaltig wirken) kann nicht von außen verordnet werden, sie setzt vielmehr die Wahrnehmung voraus, dass die gegenwärtige

Situation für die eigene Person unbefriedigend ist. Nur auf diese Weise gewinnen wir die erforderliche Motivation, Maßnahmen zur Erreichung eines befriedigenderen Soll-Zustandes einzuleiten und diese dann auch konsequent zu verfolgen.

Also: Sich die oben dargestellten Prozesse vor Augen zu führen, sich klar zu machen, welche Streiche uns unsere Psyche auf dem Platz vielfach spielt, sich darüber bewusst zu werden, wie das Zusammenspiel von Körper und Seele funktioniert und sich deren Auswirkungen zu vergegenwärtigen sowie sich uneingeschränkt den Ursachen der eigenen mentalen Probleme zu stellen – dieses ist ein nicht einfaches, aber höchst effektives und notwendiges Vorgehen, um positive Veränderungen zu erzielen. Das bekannte Modell der Fähigkeitsentwicklung nach Blom 2000) veranschaulicht diesen Prozess sehr gut (s. Abb. 3).

Nach diesem Modell steht zu Beginn der Entwicklung einer Fähigkeit zunächst der Zustand des *unbewusst Unfähigen*: Man verfügt also über eine bestimmte Fähigkeit nicht, ist sich dessen zunächst jedoch gar nicht bewusst. Hiernach zeichnet sich ein Athlet bspw. durch eine ausgeprägte Misserfolgsvermeidung aus (s. o.), er realisiert jedoch gar nicht, dass er nicht in der Lage ist, Leistungssituationen als Herausforderung zu sehen. Im Zuge des Prozesses der Selbsterkenntnis kann nun diese Unfähigkeit bewusst gemacht werden, wodurch der Athlet zum einen den grundlegenden Unterschied zwischen einer Erfolgs- und Misserfolgsorientierung erkennt und sich über diesen Weg seiner diesbezüglichen Schwächen klar wird (Stufe des *bewusst Unfähigen*). Eine kontinuierliche Arbeit an dieser nun erkannten Schwäche führt den Athleten zur Stufe 3 des *bewusst Fähigen*: Der Athlet versucht bewusst und konzentriert, sportliche Leistungssituationen als Herausforderung zu sehen, den Bewertungsmaßstab dahingehend zu verändern, dass er stolz und zufrieden ist, wenn er alle in seiner Macht stehenden Faktoren berücksichtigt und konsequent umgesetzt hat – egal, welchen Ausgang eine konkrete Leistungssituation nimmt. Nach längerer Zeit der konsequenten Arbeit (hierfür ist Ausdauer und Disziplin erforderlich) wird die neu erworbene Fähigkeit dem Spieler „in Fleisch und Blut übergehen". Nach und nach muss er sich nicht mehr aktiv und bewusst dazu zwingen, den veränderten Bewertungsmaßstab zu aktivieren, er ist vielmehr in diesem Bereich *unbewusst fähig*.

48 Klassische Problemfelder mentaler Fitness im Tennis

Abb. 3: Das Fähigkeitsentwicklungsmodell nach Blom (2000, S. 48).

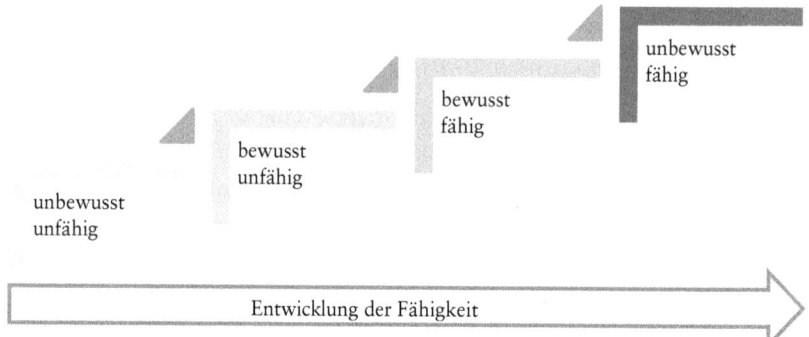

Entscheidende Grundvoraussetzung für die Aktivierung ebendieses Prozesses ist also die eigene Erkenntnis, welch erhebliches Potenzial sich aus einer starken oder eben schwachen psychischen Konstitution für das eigene Leistungsverhalten ergibt – und dies gilt im Übrigen für Athleten jeder Leistungsklasse.

Die sportpsychologische Beratungstätigkeit zeigt in dieser Hinsicht immer wieder, wie überrascht Athleten über die gewonnene Einsicht sind, in welch massiver Weise objektivierbare Resultate in Trainings- und Wettkampfsituationen aufgrund psychischer Faktoren mitbedingt werden. Dieses durch die *Aufdeckung von Ursachen der eigenen mentalen Schwäche* zu erkennen, beinhaltet aber gleichzeitig die Chance, aus der Schwäche eine Stärke zu machen, d. h. durch die Förderung der persönlichen mentalen Fitness einen erheblichen Fortschritt hinsichtlich des eigenen Leistungsvermögens erzielen zu können. Diese Motivation aus einer solchen Ursachenanalyse zu erzielen, ist eine notwendige Voraussetzung für das In-Gang-Setzen eines nachhaltigen Veränderungsprozesses.

Das sagen die Profis

„Auf dem hohen Niveau gibt es nicht mehr viel an Technik zu trainieren. Bei den letzten zehn bis 15 Prozent geht es nur darum, wer im Kopf stärker ist und in engen Situationen abgebrühter reagiert."

(Annika Beck, zit. n. Schneider, 2013, o.S.)

Klassische Problemfelder mentaler Fitness im Tennis 49

„Emotionsmanagement muss gelernt werden, das ist ein langfristiger Prozess. Das ist wie mit einer sportlichen Technik: Je mehr man trainiert, umso besser sind auch die mentalen Techniken abrufbar."
(Michael Schmitz, zit. n. Schneider, 2007, o.S.)

Weiterhin entscheidend ist die Erkenntnis, dass mentale Probleme durch eine schädigende *Denkstruktur* geprägt sind, die in der Folge mit negativen Gefühlen verbunden ist. Dementsprechend muss diese Denkstruktur erkannt und *verändert* werden.

Typische Elemente einer solchen schädigenden Denkstruktur lassen sich beispielhaft wie folgt beschreiben:

- Erfolgreich bin ich nur dann, wenn am Ende auch ein Sieg herauskommt.
- Vielfach mache ich mir Gedanken darüber, was andere wohl denken, wenn ich schlechte Ergebnisse erziele.
- Ich habe hohe Anforderungen an meine Leistung. Wenn ich diesen nicht gerecht werden kann, habe ich versagt.
- Ich habe Sorge, dass mich viele als Versager sehen, wenn ich nicht vernünftige Leistungen zeige.
- Ich gelte in meiner Mannschaft als „mentales Sorgenkind", diesen Eindruck will ich unbedingt durch stabile Leistungen verändern.
- Ich will den anderen zeigen, dass ich besser bin, als sie glauben.
- Ich möchte niemanden dadurch enttäuschen, dass ich schlechte Leistungen erbringe.

Solche Denkmuster, die selbstverständlich prototypisch sind und je nach individueller Spielerpersönlichkeit und spezifischen Problemlagen variieren können, tragen in der Regel nicht zu einer erfolgreichen sportlichen Entwicklung bei. Sie erhöhen massiv die Wahrscheinlichkeit, dass sportliche Leistungssituationen mehr und mehr zu einer Bedrohung auf dem Platz werden, sie motivieren nicht, sondern sie demotivieren und blockieren. Hierbei ist prinzipiell austauschbar, ob ein solches schädigendes Denkmuster das Ergebnis einer längeren Sozialisation durch Eltern oder Trainer ist, ob sie durch das Verhalten von Mannschaftskollegen ausgelöst oder unterstützt wurde oder einfach „nur" durch die Übernahme eines Leistungsanspruches bedingt ist, den ein Athlet aus anderen, erfolgreich bewältigten Bereichen seines Lebens übernommen hat. In jedem Fall ist die Einsicht erforderlich, dass diese Denkmuster existieren und aufgrund ihrer negativen Folgewirkungen verändert werden sollten.

> **ÜBUNG: DIE EIGENEN DENKMUSTER ERKENNEN**
> Um Ihre eigenen Denkmuster einmal näher zu betrachten, überlegen Sie mit folgender Hilfestellung, welche Gedanken Ihnen in bestimmten Situationen immer wieder durch den Kopf gehen.
> Welche Gedanken ...
> - ... gehen Ihnen typischerweise vor einem wichtigen Spiel durch den Kopf?
> - ... haben Sie häufig, wenn Sie im Match einen Fehler gemacht haben?
> - ... treten bei Ihnen nach einem Sieg in den Vordergrund?
> - ... haben Sie typischerweise nach einer knappen Niederlage?
> - ... kommen Ihnen oftmals nach einer sehr deutlichen Niederlage?

→ *Veränderung destruktiver Elemente der eigenen Denkstruktur*

Zur Veränderung unserer eigenen Denkstrukturen – und damit eben zur Erkennung solcher Elemente, die unsere mentale Fitness fördern im Unterschied zu jenen, die ihr schaden – müssen wir uns auf die zentralen Grundlagen mentaler Fitness im Sport besinnen:

- Jegliche Leistungssituation sollte für einen Athleten eine Herausforderung darstellen, nicht jedoch eine Bedrohung.
- Damit eine Leistungssituation als Herausforderung erlebt werden kann, muss der Athleten wissen, dass er im Umgang mit dieser Situation über angemessene Bewältigungsstrategien verfügt.
- Dies hat zur Folge, dass sich persönlicher Erfolg und Misserfolg ausschließlich über solche Faktoren definieren dürfen, welche der Athlet auch tatsächlich kontrollieren kann. Psychologisch liegt es insofern ausschließlich an ihm selber, ob er Erfolg oder Misserfolg hat.
- Wichtige Elemente sind die Art und Weise seiner Vorbereitung auf einen Wettkampf, ob er in der Leistungssituation alles in seiner Macht Stehende gegeben hat, inwieweit er eine spezifische taktische Marschroute befolgt hat usw.
- Aus diesen Elementen ergeben sich im Falle erfahrenen Misserfolgs ganz konkrete Ansatzpunkte zur Optimierung des eigenen Verhaltens – und damit eben zur Förderung künftigen sportlichen Erfolgs.

Selbstverständlich, und dieser Einwand wird zunächst auch immer von Seiten der Athleten, Trainer und Betreuer angeführt, ist letztendlich für sportlichen Erfolg bzw. Misserfolg das objektivierbare Ergebnis, also Sieg oder Niederlage, entscheidend. Gerade aber die Veränderung des Denkens von diesem *objektiven Bewertungsmaßstab* weg und hin zu dem neuen (sicherlich ungewohnten) *subjektiven Bewertungsmaßstab* trägt entscheidend zur Druckentlastung auf Athletenseite bei und führt auf diesem Weg (nämlich über die damit verbundene Steigerung seiner mentalen Fitness) mittel- und langfristig zu einer Verbesserung auch des objektiven Leistungsverhaltens.

Das sagen die Profis

> *„Wenn ich ein gutes Match spiele und mich wohl fühle bei dem, was ich tue, dann kann ich auch akzeptieren, wenn ich am Ende verliere."*
> (Maria Scharapowa, zit. n. Klemm, 2014, o.S.)

Es ist ebenso selbstverständlich, dass eine solch grundlegende Veränderung im Denken des Athleten (und auch seines ihn betreuenden Umfeldes, das ihn idealerweise ja darin unterstützen sollte) sicherlich nicht von heute auf morgen zu erreichen ist, sie benötigt vielmehr Zeit. Im Sinne eines langfristig angelegten *Entwicklungsprozesses* muss der Athlet hierbei immer wieder Gelingen oder Misslingen kritisch hinterfragen, dies kann durchaus auch mit Hilfe professioneller sportpsychologischer Beratung geschehen. Es werden zu Beginn sicherlich erst kleine Schritte sein, und es wird immer wieder auch Rückschritte geben, denn über viele Jahre eingespielte Denkmuster lassen sich logischerweise nicht „per Knopfdruck" abstellen. Nehmen wir im Vergleich zu dieser Anforderung bspw. die Umstellung einer bestimmten Technik bei der Vorhand: Jeder Tennisspieler weiß um die Probleme, nach vielen Jahren eine automatisierte Technik grundlegend zu verändern, wenngleich in Absprache mit dem Trainer die Sinnhaftigkeit dieser Maßnahme durchaus unstrittig ist. Gerade dieser Automatismus ist es aber, der im Falle unserer Denkstrukturen den Athleten immer wieder „auf seine alte Schiene" zurückholen will – der Athlet ist gefordert, sich das „neue" Denkmuster immer wieder vor Augen zu führen und dieses dann ganz bewusst gegen auftretende „alte" Gedanken einzusetzen.

Entscheidende Voraussetzung dieses willentlichen Akts ist ein Athlet, dem wirklich an der Etablierung neuer Denkstrukturen gelegen ist. Diese sollten daher nicht von außen vorgegeben werden, vielmehr muss jeder

Athlet vor dem Hintergrund der oben beschriebenen Grundprinzipien für sich ganz persönlich einen individuellen subjektiven Bewertungsmaßstab für Erfolg und Misserfolg finden, auf dessen Grundlage sich Veränderungen in seinem Denken ableiten. Dieser Erfahrungsprozess ist für den Erfolg der Veränderung wichtig, denn die vom Athleten formulierten Ansatzpunkte müssen „stimmig" sein, er muss sich damit identifizieren können, da sie seiner ganz individuellen Persönlichkeit entsprechen. In diesem Fall ist die Verantwortlichkeit für das eigene Handeln zudem deutlich ausgeprägter, als wenn dem Athleten ein bestimmtes Muster von außen vorgegeben wird.

In der Regel gibt es bei diesem Prozess einige „Startschwierigkeiten", weil die Auseinandersetzung mit dem eigenen „Inneren" für viele Menschen nicht gerade zur Standardbeschäftigung gehört. Von daher sollten wir gerade zu Beginn einer solchen Maßnahme keine Wunder erwarten, uns aber im Sinne der Motivationsförderung das langfristig zu erwartende Ziel vor Augen führen.

Zudem sollten wir beachten: Wir können bewusst und aktiv versuchen, bestimmte positive Gedanken in unser Bewusstsein zu holen. Ebenso können wir auftretenden negativen Gedanken durch die gezielte Aktivierung gegenläufiger positiver Gedanken entgegentreten. Allerdings können wir nicht verhindern, dass uns destruktive Gedanken in den Sinn kommen. Die kontinuierliche Arbeit an der Veränderung der eigenen Denkstruktur reduziert aber Schritt für Schritt deren Auftretenswahrscheinlichkeit.

Da Denken und Fühlen eines Menschen nicht unabhängig voneinander sind, haben Veränderungen der Denkmuster auch Veränderungen auf emotionaler Ebene zur Folge. Insofern führt oben skizzierte Hinwendung zu einem subjektiven Bewertungsmaßstab, der sich von Erwartungen anderer oder eigener unrealistischer Zielvorstellungen möglichst frei macht, zu einer deutlichen Reduzierung der typischen Versagensängste eines Athleten – er gelangt Schritt für Schritt zu der Erkenntnis, dass er in jeder Leistungssituation selber bestimmen kann, ob sie für ihn zum Erfolg oder Misserfolg wird. Wenn er diesen grundlegenden Aspekt erst einmal verinnerlicht hat, ist dies eine ungeheure psychologische Hilfe, aus der er erhebliche mentale Stärke schöpfen kann.

Das sagen die Profis

"Wenn du alles gibst, kannst du dir nichts vorwerfen."
(Dirk Nowitzki, zit. n. Gilbert, 2007, o.S.)

Dieses Denken kann im konkreten Fall zu der Einschätzung führen:
„Ich habe zwar das Match verloren, dennoch bin ich erfolgreich gewesen, weil ich all das, was ich selber in der Hand gehabt habe, konsequent umgesetzt habe."

Nachfolgende Haltung ist ebenso denkbar:
„Ich habe das Match zwar gewonnen, dennoch war es bei ehrlicher Betrachtung ein Misserfolg, weil ich mich nicht wirklich diszipliniert vorbereitet und an die mit dem Trainer verabredete Taktik gehalten habe."

Also: Der subjektive Bewertungsmaßstab schließt keineswegs die Möglichkeit des persönlichen Misserfolges aus. Entscheidend ist jedoch, dass ein Athlet sich diesem Misserfolg gegenüber nicht hilflos ausgesetzt erleben muss. Ganz im Gegenteil, denn er hat selber und ganz alleine die Kontrolle über den persönlichen Ausgang der Leistungssituation.

Die Zielsetzung, die mit der Veränderung der Denkmuster eines Athleten verbunden ist, lässt sich in zugespitzter Form wie folgt formulieren:

„Was ist mir lieber: ein Sieg bei einem wichtigen Turnier, der bei Anlegen des subjektiven Bewertungsmaßstabes ein Misserfolg ist, oder aber eine Niederlage bei einem wichtigen Turnier, die bei Anlegen des subjektiven Bewertungsmaßstabes ein Erfolg ist?"

Zumindest in der gedanklichen Auseinandersetzung steht ein Athlet bei dieser Fragestellung vor einem Entscheidungsdilemma: Der *kurzfristige „zählbare" Erfolg*, der aber langfristig die mentalen Schwächen nicht beseitigt, sie eher verstärkt und damit über die Zeit gesehen zum „zählbaren" Misserfolg führen wird – oder aber der *kurzfristige „zählbare" Misserfolg*, der aber langfristig die mentalen Schwächen beseitigen kann und damit über die Zeit gesehen zum „zählbaren" Erfolg führen würde.

Je stärker nun ein Athlet für sich erkennt, dass der Weg zu nachhaltiger Veränderung und Optimierung des eigenen Verhaltens letztendlich zwingend damit verbunden ist, für ihn insgesamt schädigende Handlungsmuster abzulegen, umso wahrscheinlicher wird der Erfolg seiner Bemühungen sein.

Dass in dieser Hinsicht (gerade auch bei jüngeren Athleten) das soziale Umfeld eine erhebliche Rolle spielt, liegt auf der Hand – Funktionäre, Trainer und Eltern orientieren sich ja zur Leistungsbewertung in der Regel an dem „zählbaren" Erfolg. Umso förderlicher ist es insofern für den Athleten, wenn dieses Umfeld (etwa nach entsprechenden Gesprächen im Zuge einer sportpsychologischen Betreuung) ebenfalls den subjektiven Bewertungsmaßstab übernimmt und den Athleten in seiner Haltung aktiv unterstützt.

Wenn diese Bereitschaft nicht vorhanden ist oder ein solcher Austausch gar nicht stattfindet (etwa in einem Leistungskader im Verein), muss der Athlet lernen, sich von den an ihn von außen gesetzten Erwartungen frei zu machen, um in Zukunft erfolgreicher auf dem Platz agieren zu können. Also: Letztendlich ist es die Entscheidung des Athleten, inwieweit er zukünftig fremdbestimmt (und mit entsprechenden mentalen Schwächen) oder aber selbstbestimmt (mit entsprechender Steigerung seiner mentalen Fitness) handeln wird.

Eine Veränderung des eigenen Denkens und Erlebens reduziert aufgrund des veränderten Bewertungsmaßstabes nicht nur die subjektiven Versagensängste, es wird gleichermaßen eine Stärkung des Selbstvertrauens erzielt: Hat der Athlet nämlich erst einmal für sich realisiert, wie steuerbar erlebter Erfolg und Misserfolg (und damit ja auch deren Auswirkungen auf das eigene Selbstvertrauen) durch die eigene Kontrolle von Disziplin, Anstrengung, Kampfesbereitschaft usw. sind, umso leichter und erstrebenswerter wird es für ihn in der Zukunft sein, Erfolg durch eigene Kraft herbeizuführen und auf diese Weise entsprechende Erfolgserlebnisse und eine positive Bekräftigung des Selbstvertrauens zu erfahren. Idealerweise sollte diese Bekräftigung auch durch das relevante soziale Umfeld unterstützt werden.

Es würde an dieser Stelle zu weit führen und an der Intention dieses Ratgebers vorbeigehen, die oben nur kurz angerissen „tieferen" Gründe für die Ausbildung massiver Versagensängste und eines sehr schwachen Selbstvertrauens im Detail auszuführen. Eine seriöse Herangehensweise setzt eine intensive Analyse der ganz individuellen Geschichte des konkreten Athleten voraus. Sicherlich ist es von daher auch für den Bereich des Hochleistungssportes angeraten, diesen Weg mit einem speziell ausgebildeten Sportpsychologen zu beschreiten.

Nichtsdestotrotz stellt die Auseinandersetzung mit dem eigenen Denken, Erleben und Fühlen und mit der damit verbundenen Frage, was uns gut tut und was für unsere psychische Ausgeglichenheit schädigend ist, eine Aufgabe dar, die uns die Automatismen unseres täglichen Handelns vor Augen führt und uns auf diese Weise die Möglichkeit gibt, uns besser kennenzulernen und kritisch zu hinterfragen. Vielfach lassen sich über diesen Weg sehr deutliche Verbesserungen hinsichtlich der persönlichen mentalen Verfassung erzielen.

ÜBUNG: SICH SEINER INDIVIDUELLEN ERFOLGSBILANZ BEWUSST WERDEN
- Welche Spielsituationen/Übungen haben Sie heute besonders gut gemeistert? - Was genau hat Ihren Erfolg in diesen Situationen spielerisch ausgemacht? - In welchen Situationen im heutigen Spiel/Training haben Sie sich besonders gut/selbstbewusst gefühlt? - Welche Spielsituationen/Übungen haben Sie heute nicht erfolgreich bewältigt? - Was können Sie tun, um diese Situationen im nächsten Spiel/Training besser zu bewältigen?

Aber auch in dieser Hinsicht gilt: Ebenso wie die Arbeit auf dem Trainingsplatz selbst muss die Arbeit an der eigenen mentalen Fitness diszipliniert, stetig und langfristig erfolgen, nur auf diese Weise sind dauerhafte Erfolge zu erwarten.

Das sagt die Wissenschaft

„Die moderne Sportpsychologie verfügt längst über eine Vielzahl etablierter psychologischer Trainingsmaßnahmen [...]. Darüber hinaus hat sich die sportpsychologische Praxis systematisiert und reiht sich auf diese Weise ein in die anderen Trainingsbereiche wie Kraft, Kondition und Technik."
(Beckmann, 2012, S. 11)

„Bei vielen Sportlern und Trainern hat sich [...] die Erkenntnis durchgesetzt, dass mithilfe der Psychologie zwar kein mittelmäßig talentierter Athlet zum Weltmeistertitel gebracht werden kann, aber psychologische Fertigkeiten bei zwei gleichermaßen talentierten und trainierten Sportlern den entscheidenden Vorteil zum Sieg liefern können."
(Beckmann & Elbe, 2011, S. 11)

Das sagen die Profis

„Ich habe aber immer daran geglaubt, dass der mentale Aspekt im Spiel einer der wichtigsten ist und den Unterschied ausmacht."
(Maria Scharapowa, zit. n. Klemm, 2014, o.S.)

Nachfolgend ist eine durch den Prozess konsequenter mentaler Arbeit sich verändernde Denkstruktur beispielhaft dargestellt.

→ *Grundregeln meiner Arbeit als Leistungssportler*

1. Ich arbeite jeden Tag *diszipliniert und konsequent*
   - auf dem Tennisplatz und
   - außerhalb des Tennisplatzes.
2. Ich bin für mich und meinen Erfolg selbst verantwortlich.
3. Training und Wettkampf sind Herausforderungen, denen ich mich aktiv stelle.
4. Erfolg heißt, alles zu tun, was ich selber beeinflussen kann,
   - auf dem Tennisplatz und
   - außerhalb des Tennisplatzes.

   Dies ist mein *Bewertungsmaßstab*. Wenn ich diesen umsetze, bin ich mit mir und meiner Leistung zufrieden.
5. Es ist unwichtig, wie *Außenstehende* meine Leistung bewerten. Ich muss mit mir, meiner Leistung, meinem Leben zufrieden sein.
6. Ich versuche, positiv und nach vorne gerichtet zu denken. Negative Gedanken ersetze ich durch *positive Gedanken*.
7. Es gibt keine Ausreden, nicht jeden Tag erfolgreich sein zu können. Ich habe meinen Erfolg *selber* in der Hand.

Zur weiteren Verdeutlichung ist im Folgenden eine sehr konkrete Verhaltensanleitung dargestellt, die ein von mir betreuter Profispieler für sich selbst formulierte.

Verhaltensregeln eines Profispielers

→ Unter den jeweils gegebenen Bedingungen immer optimal trainieren!
→ Unter den jeweils gegebenen Bedingungen immer optimal diszipliniert sein!

- → Jeden Punkt und jeden Ballwechsel konzentriert, fokussiert und ohne Hektik spielen!
- → Jeden Schlag hundertprozentig spielen, keine halben Sachen auf dem Platz machen – der Versuch ist wichtiger und langfristig erfolgreicher als das kurzfristige Ergebnis!
- → Bei Schwachpunkten auf den nächsten Ballwechsel positiv ausgerichtet sein!
- → Sich nicht seinem Ärger, seinen Aggressionen und Frustrationen hingeben, sondern aktiv dagegen ankämpfen und weiter positiv ausgerichtet arbeiten!
- → Dennoch seine Schwachstellen nach einem Training oder Match kritisch analysieren und seine Lehren daraus ziehen, d. h. weiter positiv ausgerichtet hart arbeiten!
- → Nach einem schwachen Training oder Match auf den nächsten Tag positiv ausgerichtet sein!
- → Sich nicht den negativen Gedanken hingeben, sondern sich immer wieder aufs Neue einen Ruck geben und positiv und nach vorne gerichtet denken!
- → Immer besser sein wollen als die anderen, und das heißt vor allem: Immer härter arbeiten als die anderen!
- → Sich Selbstvertrauen dadurch holen, dass man wirklich alles gibt, was möglich ist, und nicht dadurch, dass alles so gelingt, wie es gelingen könnte!
- → Jeden Tag „fighten, bis der Arzt kommt"!

Diese Beispiele einer konsequenten Umsetzung des subjektiven anstelle des bislang dominierenden (und hemmenden) objektiven Bewertungsmaßstabes führt schrittweise dazu, dass der Athlet die Kontrolle über den eigenen Erfolg und Misserfolg (zurück-)gewinnt, dass er ausschließlich persönliche Verantwortung für eigenen Erfolg und Misserfolg erfährt, dass er auf diese Weise Schritt für Schritt Versagensängste reduzieren, Selbstvertrauen steigern und mentale Stärke fördern kann.

5. Probleme in Zusammenhang mit spezifischen Matchsituationen

Bislang haben wir uns mit mentalen Problemen vor dem Hintergrund der Herausbildung eines spezifischen Spielertyps beschäftigt. Ein solcher Spielertyp ist das Ergebnis eines langfristigen Lernprozesses mit einer Vielzahl von leistungsrelevanten Erfahrungen. Wir alle wissen, dass sich mentale Probleme im Tennis gerade auch im Zuge ganz spezifischer Matchsituationen zeigen. Die Art und Weise, wie ein Athlet mit diesen Situationen umgeht, ist nun einerseits das Ergebnis eines solchen Lernprozesses, andererseits wird ein destruktiver Umgang mit diesen Situationen mentale Defizite verstärken, während ein schrittweise positiverer Umgang zu Verbesserungen hinsichtlich der psychischen Stärke führen wird.

Also: Es gibt eine Reihe von typischen Situationen im Verlauf eines Matches, bei denen sich gewissermaßen „die Spreu vom Weizen trennt", die also aus mentaler Sicht besondere Anforderungen an den Athleten stellen. Psychologisch lässt sich das Geschehen wie folgt beschreiben: Beim Auftreten einer bestimmten Matchsituation wird im Kopf des Athleten quasi ein *inneres Drehbuch* aktiviert, d.h. er „weiß" im Grunde genommen bereits, wie sich diese Situation weiter entwickeln wird, obwohl er sich gerade erst am Beginn des Situationsverlaufes befindet.

- Stellen wir uns zum Zwecke der Anschaulichkeit folgende typische Alltagssituation vor: Wir sind am Vormittag zu Hause, es klingelt, wir gehen zur Tür und öffnen diese. Der eigene Blick fällt auf einen gepflegt aussehenden Herrn mittleren Alters, der einen Staubsauger mit sich führt und uns ein höfliches „Guten Morgen!" entgegenruft. Noch bevor wir diesen Gruß erwidern, haben wir eine Einschätzung der Situation und insbes. auch des weiteren Verlaufs dieser Situation vorgenommen (nämlich: Staubsaugervertreter will in unsere Wohnung, uns das neueste Produkt vorführen und es uns nach Möglichkeit mit gut einstudierten Argumenten verkaufen), wir rufen in der Regel automatisch ein spezifisches Verhaltensmuster für diese Situation ab (bspw. das sofortige Schließen der Tür oder aber ein freundlicher, jedoch energischer Hinweis darauf, dass kein Bedarf an einem neuen Staubsauger besteht). In diesem Beispiel wird also ohne größeres Überlegen ein bestimmtes Drehbuch aktiviert, es wird eine entsprechende Bewältigungsstrategie abgerufen, die sich in der Vergangenheit als erfolgreich erwiesen hat. Insofern wird diese Situation von dem Akteur auch nicht als problematisch erlebt, weil er ja weiß, wie er sich in dieser Situation zielführend zu verhalten hat. Diese Situation wird also keineswegs als bedrohlich eingeschätzt werden.

Die Situation stellt sich nun aber völlig anders dar, wenn der Akteur aus seiner bisherigen Erfahrung mit ähnlichen Situationen zu der Einschätzung gelangt ist, dieser Situation eben nicht gewachsen zu sein, d.h. konkret, er „weiß" (und zwar bereits zu Beginn der Situation), dass er wieder einmal nicht den höflichen Argumentationsversuchen des Vertreters energisch genug entgegentreten kann, er „weiß", dass er ihn (obwohl absolut gegen seinen tatsächlichen Willen) wieder einmal in seine Wohnung hereinbitten wird, und er „weiß" schließlich ebenfalls, dass er am Ende des Gespräches mit hoher Wahrscheinlichkeit einen Vertrag unterschrieben haben wird. Das alles „weiß" er, obwohl er sich am Beginn der Situation befindet und selbstverständlich – „objektiv" und von außen betrachtet – durchaus in der Lage wäre, dem Situationsverlauf eine komplett andere Wendung zu geben.

Entscheidend dafür, dass dies wohl nicht passieren wird, ist die persönliche Einschätzung des Akteurs, über keine angemessenen *Bewältigungsstrategien* zu verfügen, um eben diesen veränderten Verlauf in die Wege zu leiten. Er bringt es nicht fertig, seinem Gegenüber einfach die Tür vor der Nase zu schließen, oder ihm gegenüber seinen tatsächlichen Willen überzeugend zu artikulieren. Die Einschätzung, keine angemessenen Bewältigungsstrategien für diese Situation zu besitzen, hat nun zur Folge, dass die Situation als subjektiv problematisch, weil die eigene Person bedrohend, erlebt wird.

Psychologisch interessant ist an diesem Beispiel vor allem der Umstand, dass dem Akteur ja klar ist, wie er eigentlich handeln müsste, das Wissen alleine ist aber für eine erfolgreiche Umsetzung eines konkreten Verhaltens nicht ausreichend: Soziale Ängste, Hemmungen und Unsicherheiten überwiegen an dieser Stelle, sie führen folgerichtig zum Einsatz eines entsprechend unangemessenen Handlungsmusters. Im Übrigen ist die soeben beschriebene Konstellation nicht selten, und genau davon profitieren letztlich Vertreter und Verkäufer an der Haustür.

Ähnliche Drehbücher werden nun auch in spezifischen Matchsituationen aktiviert. Vergleichbar mit unserem Alltagsbeispiel werden diese Situationen dann als bedrohlich erlebt, wenn der Athlet subjektiv über keine angemessenen Bewältigungsstrategien zum Umgang mit diesen Situationen verfügt. Durch die Aktivierung eines aus der Vergangenheit abgespeicherten, jedoch nicht erfolgreichen Drehbuchs endet diese Situation mit hoher Wahrscheinlichkeit mit einem Misserfolg. Insofern können sich solche Situationen im Laufe einer Karriere in der Psyche eines Athleten verfestigen, zumal es sich beim Ablauf eines solchen Drehbuches um einen primär automatisiert ablaufenden Prozess handelt.

Widmen wir uns auf dieser Grundlage im Folgenden den aus der sportpsychologischen Beratungspraxis besonders wichtigen, weil problematischen Matchsituationen zu, müssen wir stets Folgendes im Auge behalten: Entscheidend für den effektiven Umgang eines Athleten mit mental kritischen Matchsituationen ist stets die Frage, ob er diese Situation subjektiv als Bedrohung oder als Herausforderung für sich erlebt – wahrgenommene Bedrohung erhöht das negative Stress- und Angstpotenzial, der Athlet wird in der Regel unterhalb seiner Leistungsgrenze bleiben. Wahrgenommene Herausforderung erhöht hingegen das positive Spannungs- und Aufmerksamkeitspotenzial, der Athlet wird insofern in der Regel an den Rand seiner möglichen Leistungsgrenze herangeführt.

Anmerkung zu den weiteren Ausführungen

Die jeweils gegebenen Hinweise am Ende der kurzen Kapitel sollen Ihnen künftig im Umgang mit den beschriebenen Situationen helfen. Dabei sind die Wiederholungen in meinen Ausführungen bewusst und beabsichtigt, denn diese sollen Sie immer wieder an den Kern (bzw. an das Kernproblem) mentaler Fitness heranführen und Sie auf die diesbezüglich zentralen Komponenten aufmerksam machen. Sie werden daher auch erkennen, dass sich die Grundmuster der mentalen Defizite in den spezifischen Situationen durchaus ähneln. Dennoch werde ich diese an den konkreten Beispielen mit der intendierten Wiederholung und dem damit verbundenen Wiedererkennungswert verdeutlichen. Last not least akzeptieren Sie bitte, dass ich sehr sparsam mit „kochbuchartigen" Handlungsvorschlägen umgehe – die entscheidenden, und grundsätzlich schwierigeren, aber langfristig erfolgversprechenden Arbeitsschritte finden in Ihrem Kopf statt!

5.1 Das erste Aufschlagspiel im Match

Natürlich gibt es Unterschiede zwischen Männern und Frauen, natürlich gibt es auch Unterschiede in Abhängigkeit des konkreten Leistungsniveaus und auch hinsichtlich der individuellen technischen Stärken und Schwächen unterschiedlicher Athleten – nichtsdestotrotz kommt dem Aufschlag beim Tennis eine besondere Rolle zu, schließlich handelt es sich hierbei um den einzigen Schlag, der völlig unbeeinflusst vom Gegner erfolgt.

Mit seinem Aufschlag hat der Athlet somit die Chance, sich in eine entsprechende Vorteilssituation zu bringen, aus der heraus er versuchen kann, den weiteren Verlauf des Ballwechsels zu dominieren. Insofern ist es (gerade auch auf „schnellen" Belägen) nicht ungewöhnlich, dass häufig nur ein einziges Break im Satz über Gewinn oder Verlust des gesamten Satzes entscheidet.

Diese Vorannahme vorausgesetzt, kommt dem ersten Aufschlagspiel im Match vielfach eine psychologisch besondere Bedeutung zu. Ähnlich wie auch in anderen Sportarten zu beobachten, ist der Beginn des Matches von einem anfänglichen gegenseitigen „Abtasten" geprägt, die Athleten wollen also mögliche Stärken und Schwächen des anderen ausloten. Gleichzeitig aber ist vielfach zu beobachten, dass Athleten gerade zu Beginn des Matches noch nicht über die erforderliche Spannung verfügen, d.h. sie sind noch nicht wirklich im Matchgeschehen involviert. Dieser Umstand zeigt sich bspw. in unnötigen Konzentrationsschwächen und daraus resultierenden leichten Fehlern – oft genug mit der Konsequenz, seinen Aufschlag zu Beginn des Matches relativ leichtfertig zu verlieren und diesem Aufschlagverlust dem gesamten weiteren Satz „hinterherlaufen" zu müssen. Nicht ohne Grund geschehen also Aufschlagverluste zu Beginn eines Matches.

Psychologisch anders, aber vom Effekt her identisch, verhält es sich, wenn der Athlet von einer typischen „Anfangsnervosität" geplagt wird, die also gerade zu Beginn des Satzes sein Leistungsvermögen schwächt. In solchen Situationen wird dann ein typisches Drehbuch („Immer muss ich dem Satz hinterherlaufen.") aktiviert und begünstigt somit mentale Defizite. Dieses Phänomen gilt selbstverständlich nicht nur zu Beginn eines Matches, sondern kann auch zu Beginn der folgenden Sätze auftreten, allerdings in der Regel in abgeschwächter Form, da der Athlet sich ja bereits „im Match" befindet.

Probleme in Zusammenhang mit spezifischen Matchsituationen   63

ÜBUNG: GESTALTUNG DER AUFSCHLAGSITUATION
- Unter welchen Voraussetzungen gelingt Ihnen ein sehr guter Aufschlag?
- Wie fühlt sich ein sehr guter Aufschlag bei der Ausführung an?
- Welche Gedanken helfen Ihnen vor einem Aufschlag, damit dieser Ihnen sehr gut gelingt?
- Welche Gedanken behindern Sie bei der Ausführung eines Aufschlags?

Versuchen Sie sich anhand dieser Fragen Ihre ideale Aufschlagsituation inklusive eines gelungenen Aufschlages immer wieder vorzustellen und sich hinein zu fühlen – vor allem auch, bevor Sie den Platz betreten.

Auseinandersetzung mit der Matchsituation: „erstes Aufschlagspiel"

Generell gilt: Die wesentliche mentale Arbeit setzt an der grundsätzlichen psychischen Stärke des Spielers an, also an dessen Erleben von Herausforderung oder Bedrohung in der konkreten Leistungssituation. Vor diesem Hintergrund folgen nun einige Hilfestellungen für den Umgang mit der geschilderten Situation. Machen Sie sich die beschriebenen psychologischen Vorgänge bewusst – dies ist der Beginn für die Veränderung!

→ Wählen Sie, wenn möglich, den Rückschlag zu Beginn des Matches!
Auf diese Weise liegt der Anfangsdruck beim Gegner, und Sie haben mehr Gelegenheit, sich erst einmal in das Match hineinzufinden.

→ Nehmen Sie sich nach dem Einschlagen noch einmal Zeit, bevor Sie das Match beginnen!
Diese Phase soll Ihnen helfen, ausreichend Spannung aufzubauen, um unnötige Anfangsfehler zu vermeiden.

→ Bei Anfangsnervosität: Vermeiden Sie jegliche Hektik, lassen Sie sich Zeit zwischen den Ballwechseln und achten Sie darauf, sich gut zu bewegen!
Auf diese Weise können Sie typischen Erscheinungsformen aufkommender körperlicher Verkrampfung effektiv entgegenwirken.

→ Machen Sie sich klar, dass Ihr Gegner der gleichen Situation unterliegt wie Sie selber!
Dies ist ein Umstand, den wir in unserer „kleinen Gedankenwelt" häufig völlig aus den Augen verlieren, der aber sehr wichtig ist – nicht nur für Sie ist es eine schwierige Situation, sondern eben auch für Ihren Gegner. Gehen Sie davon aus, dass Sie mit dieser Situation mindestens genauso gut zurechtkommen wie Ihr Gegner.

→ Egal, wie der Matchbeginn ausgeht – trauern Sie keineswegs verlorenen Chancen hinterher, sondern gehen Sie positiv und kämpferisch in die nächsten Matches!

5.2 Die Möglichkeit zum Satz- oder Matchgewinn

In noch höherem Maße als die möglichen Probleme zu Beginn eines Satzes sind logischerweise die mentalen Probleme bedeutsam, die sich am Ende eines Satzes oder gar eines Matches ergeben können – die Konsequenzen, die aus einem möglichen Versagen resultieren, sind nämlich wesentlich folgenreicher für den Athleten.

Im Prinzip und rein theoretisch betrachtet könnte man ja zu der irrigen Annahme gelangen, dass im Grunde genommen die Ausgangsbasis für jeden kommenden Ballwechsel die gleiche ist – psychologisch betrachtet ist uns dabei natürlich klar, dass das genaue Gegenteil der Fall ist und die vorausgegangenen Ereignisse die weitere Entwicklung des Spielverlaufes entscheidend prägen. Aus sportpsychologischer Perspektive stellt dabei die Möglichkeit zum Satz- oder Matchgewinn eine besonders kritische Situation für viele Athleten dar.

Das sagen die Profis

„Ich versuche nie, ein Turnier zu gewinnen. Ich versuche auch nie, einen Satz oder ein Spiel zu gewinnen. Ich will nur diesen Punkt gewinnen."
(Pete Sampras, zit. n. Sprenger, 2004, S. 199)

Das *negative individuelle Drehbuch* setzt dabei meistens bereits in der Spielpause vor der entscheidenden Situation an.

Eine vielen Tennisspielern bekannte Situation: Der Athlet führt nach anfänglichem Break 5:4 im ersten Satz, er hat bis dahin keine Probleme gehabt, seine Aufschlagspiele zu gewinnen und hat nunmehr die Chance, mit seinem Aufschlagspiel den Satz erfolgreich zu beenden. Typische Gedanken auf der Bank: „Jetzt habe ich bislang immer solide meinen Aufschlag durchgebracht. Hoffentlich gelingt mir das auch jetzt, damit ich den Satz gewinne." Oder in gravierenderer Form: „Jetzt habe ich wieder einmal die Möglichkeit, mit meinem Aufschlag den Satz zu gewinnen. Wahrscheinlich geht das wieder einmal schief."

Solche Gedanken machen das Kernproblem mentaler Schwäche noch einmal für uns ganz transparent: Die das Handeln des Athleten steuernden Gedanken sind komplett auf die *Abwehr einer Bedrohung* ausgerichtet. Von daher kann er den ja faktisch vorhandenen, je nach Leistungsstärke ganz erheblichen spielerischen Vorteil nicht als positives Startkapital nutzen – paradoxerweise wird also in dieser Situation der faktische Vorteil zum psychologischen Nachteil für den Athleten, da für ihn in seinem Erleben mit diesem Vorteil eben nicht Herausforderung, sondern vielmehr Bedrohung verbunden ist.

Eine solche Denkweise, die selbstverständlich das Ergebnis vieler vorauslaufender Erfahrungen mit ähnlichen Situationen ist, erhöht dann die Wahrscheinlichkeit bekannter Symptome mentaler Schwäche: Schwerer Arm, der zum Doppelfehler führt, hektische Aktionen, die taktisch unklug einen Ballwechsel überhastet beenden wollen, Verkrampfungen in der Muskulatur, die wegen unzureichender Beinarbeit unnötige Fehler zur Folge haben usw.

Mit jedem negativ erlebten Ballwechsel werden die destruktiven Gedanken und die soeben skizzierten Symptome sowie deren Folgen verstärkt. Kommt es dann tatsächlich wieder zu einem Misserfolgserlebnis (also in unserem Beispiel Aufschlagverlust zum 5:5), fühlt sich der Athlet (und eben oftmals auch die Umwelt wie Trainer, Eltern und Funktionäre, die dies ggf. durch entsprechend unreflektiertes Verhalten dem Athleten signalisieren) in seinem Drehbuch bestätigt, es wird in der nachfolgenden Situation (nicht selten wiederholt sich eine solche Situation ja mehrmals in einem Match) erneut aktiviert und wegen der damit verbundenen Bestätigung weiter verfestigt.

Bedauerlicherweise, und dies stellt Athleten (und auch die sportpsychologische Beratung) vor eine grundsätzliche Problematik, haben bei mental schwachen Athleten negative Erfahrungen, die also die eigene ungünstige Sichtweise bestätigen, gravierendere Auswirkungen als „überraschend" eintretende positive Erfahrungen.

> Also im konkreten Beispiel: Wenn wieder einmal der erwartete Aufschlagverlust eingetreten ist, wird die persönliche Schwäche ein Stück mehr zementiert. Wenn aber der Aufschlag gehalten wurde und dies dann den Satzgewinn für den Athleten zur Folge hat, sind die positiven Auswirkungen für die nächsten ähnlichen Leistungssituationen weit weniger stark. Dieses Phänomen, getreu nach dem Motto „Das Glas ist halb leer und nicht halb voll", spiegelt die grundsätzlich eher pessimistische Haltung mental schwacher Athleten wider, die entscheidend in Zusammenhang mit deren subjektiven Ursachenzuschreibungen steht.

Exkurs: Ursachenzuschreibungen bei mental schwachen Spielern

Es besteht bei uns allen ein grundsätzliches Bedürfnis, bei wichtigen Ereignissen Ursachen für das beobachtete eigene Verhalten und das anderer Personen zu finden.

Wir fragen uns also: „Warum hat sich Herr X in der Situation Y so und nicht anders verhalten?" Ebenso fragen wir uns aber auch: „Warum habe ich mich in der Situation Z so und nicht anders verhalten?" Wir suchen also nach den Beweggründen fremden wie eigenen Verhaltens, damit dieses Verhalten für uns erklärbar wird.

Hinter diesem grundsätzlichen *Bedürfnis* steht ein zentrales Motiv der Menschen, wir sind nämlich bestrebt, *Kontrolle über uns und unsere Umwelt* zu besitzen. Verfügen wir über Erklärungen für beobachtetes Verhalten, dann erlangen wir psychologische Kontrolle über eine Situation. Auf diese Weise lässt sich auch erklären, warum etwa Naturkatastrophen oder auch völlig irrational erscheinende Gewaltverbrechen bei uns Menschen zum Teil sehr heftige Gefühle von Angst, Wut und Hilflosigkeit auslösen können – es gibt für diese so folgenschwere Ereignisse keine rationalen, steuerbaren Erklärungsmechanismen, wir haben in diesen Fällen psychologisch nicht die Kontrolle über die Situation.

Mit dieser Erkenntnis umzugehen, ist für den Menschen ein erhebliches Problem. Ein drastisches, aber den Sachverhalt gut erklärendes Beispiel: Warum verurteilen wir die bestialische Tötung mehrerer Menschen durch einen psychisch kranken Triebtäter nicht selten heftiger und emotional stärker als den kaltblütigen Banküberfall, bei dem auf der Flucht mehrere Menschen erschossen werden? Eine rationale Erklärung zu finden, fällt uns im zweiten Fall – ungeachtet aller moralischer Verurteilung – wesentlich leichter, wodurch Kontrolle über die Situation hergestellt wird. Habgier, unverschuldete finanzielle Notlage, das Abgleiten in eine „kriminelle Karriere" aufgrund eines sozial problematischen Umfeldes, all dies sind mögliche und plausible Erklärungsmuster. Im ersten Fall aber widerspricht die psychisch kranke Triebstruktur einer rationalen Begründung – diese, da ja krankhafte, Persönlichkeitsstruktur steht so weit außerhalb unserer eigenen Vorstellungswelt, dass kein subjektiv nachvollziehbares Erklärungskonzept wirklich greift; Kontrolle über die Situation kann somit nicht hergestellt werden und löst entsprechendes psychisches Unbehagen aus.

Ebenso wie in anderen relevanten Situationen streben wir nun auch in Leistungssituationen danach, entsprechende Ursachenzuschreibungen vorzunehmen. Dies gilt für den Athleten selber, trifft aber in gleichem Maße wiederum auch für sein relevantes Umfeld zu, also bspw. auf Trainer, Eltern und Funktionäre.

Die vorgenommenen Ursachenzuschreibungen bieten dann hinreichende Erklärungen für das Verhalten des Athleten in einer konkreten Leistungssituation. Vereinfachend lassen sich dabei zwei grundlegende Formen von Ursachenzuschreibungen differenzieren:

→ *zeitlich stabile und zeitlich variable Ursachenzuschreibungen*

Ursachenzuschreibungen lassen sich danach unterscheiden, ob sie nur für diese einzelne Leistungssituation zutreffen (*zeitlich variabel*) oder ob ein grundsätzlicher, *zeitlich stabiler* Faktor für das Leistungsverhalten als verantwortlich betrachtet wird.

- Typisches Beispiel für zeitlich variable Ursachenzuschreibungen: „Ich habe verloren, weil ich erst eine Woche auf Asche trainiert habe." Diese Erklärung für die Niederlage wird bereits in zwei Wochen nicht mehr wirken, sie ist somit zeitlich variabel.
- Typisches Beispiel für zeitlich stabile Ursachenzuschreibungen: „Ich habe gewonnen, weil ich mental so stark bin." Diese Erklärung für den Sieg resultiert aus einem grundsätzlichen Persönlichkeitsmerkmal des Athleten (nämlich seiner mentalen Stärke), sie ist somit zeitlich stabil.

→ *internale und externale Ursachenzuschreibungen*

Ursachenzuschreibungen lassen sich ferner danach unterscheiden, ob sie auf die Person bezogen sind (*internal*) oder aber auf äußere, von der Person unabhängige Umstände (*external*).

- Typisches Beispiel für internale Ursachenzuschreibungen: „Ich habe verloren, weil ich mich nicht an meine Taktik gehalten habe." Diese Erklärung für die Niederlage macht die eigene Person (bzw. deren Taktik) verantwortlich, es handelt sich also um eine internale Zuschreibung.

◊ Typisches Beispiel für externale Ursachenzuschreibungen: „Ich habe gewonnen, weil mein Team mich so toll unterstützt hat." Diese Erklärung für den Sieg macht äußere Umstände, nämlich die Unterstützung des Teams, für den Sieg verantwortlich, es wird also eine externale Zuschreibung vorgenommen.

Bei diesen Ursachenzuschreibungen müssen wir uns stets vor Augen führen: Entscheidend für das eigene Erleben und Verhalten ist keineswegs, inwieweit das jeweilige Zuschreibungsmuster „richtig" oder „falsch" ist, entscheidend ist, von welchen Ursachen wir jeweils subjektiv überzeugt sind.

Welche Ursachenzuschreibungen nach Leistungssituationen sind nun für die eigene Person aus psychologischer Sicht besonders günstig?

Im Falle des erlebten Erfolges sind es logischerweise solche Zuschreibungen, welche die eigene Person als Ursache für den Erfolg verantwortlich machen.

Also: „Ich habe gewonnen, weil ich mich gut auf den Wettkampf vorbereitet habe", „Ich habe gewonnen, weil ich in den entscheidenden Phasen alles gegeben habe", „Ich habe gewonnen, weil ich ein Erfolgstyp bin". Solche Erklärungsmuster sind selbstwertdienlich, und sie erhöhen das Selbstvertrauen des Athleten. Mit Erklärungsmustern dieser Art ist er gut gerüstet für die nächsten anstehenden Leistungssituationen.

Anders verhält es sich mit Ursachenzuschreibungen, die nicht in der eigenen Person gesehen werden.

Typische diesbezügliche Aussagen: „Ich habe gewonnen, weil mein Gegner so schwach war", „Ich habe gewonnen, weil das Glück heute einfach mal auf meiner Seite gewesen ist", „Ich habe gewonnen, weil die Platzbedingungen mir entgegen kamen, während sie für den Gegner schlecht gewesen sind". Solche Erklärungsmuster machen im Grunde genommen erlebten Erfolg sofort wieder zunichte, da sie eben die eigene Person für den Erfolg außen vor lassen und somit nicht selbstwertdienlich sind. Ein positiver Effekt eines erlebten Erfolges auf künftige Leistungssituationen ist dementsprechend auch nicht zu erwarten.

> **ÜBUNG: REFLEXION EIGENER ERKLÄRUNGSMUSTER**
> - Welche Ihrer Eigenschaften, Fähigkeiten oder Fertigkeiten haben Sie in letzter Zeit als Ursache für einen (sportlichen) Erfolg angenommen?
> - Welche äußeren Umstände haben Sie in der letzten Zeit als Ursache für einen (sportlichen) Erfolg angenommen?
> - In welchen Situationen suchen Sie die Ursachen eher in Ihren Eigenschaften, Fähigkeiten und Fertigkeiten?
> - In welchen Situationen suchen Sie die Ursachen vor allem in äußeren Umständen?
>
> Reflektieren Sie auf Grundlage dieser Überlegungen noch einmal ganz gezielt Ihren Umgang mit Erfolgssituationen. Erkennen Sie bei sich ein bestimmtes Muster?

Wie stellt sich nun im Gegenzug die Situation dar, wenn der Athlet Misserfolg erlebt?

Einleuchtend ist, dass Erklärungsmuster, welche die Ursachen für einen Misserfolg in stabilen Faktoren der eigenen Person sehen, besonders schädigend sind.

Solche Erklärungsmuster sind: „Ich habe verloren, weil ich einfach immer wieder mental versage", „Ich habe verloren, weil mein Leistungsvermögen generell nicht ausreichend ist", „Ich habe verloren, weil ich es grundsätzlich nicht schaffe, meine taktischen Vorannahmen im Wettkampf umzusetzen". Nicht nur, dass der Athlet den unmittelbar erlebten Misserfolg zu bewältigen hat, diese beispielhaft gewählten Erklärungsmuster lassen die Prognose für weitere Leistungssituationen in einem viel zu düsteren Licht erscheinen – im Grunde genommen ist klar, dass er auch zukünftig (zumindest langfristig betrachtet) keinen Erfolg haben wird. Ebenso klar ist, dass solche Erklärungsmuster für das Selbstwertgefühl und das damit verbundene Selbstvertrauen in der Leistungssituation äußerst schädigend sind.

Aus dem Gesagten könnte man nun den Schluss ziehen, dass es vor allem darauf ankommt, solche Erklärungsmuster heranzuziehen, welche die eigene Person in ihrem Selbstwertgefühl und dem damit verbundenen Selbstvertrauen nicht schädigen.

- Beispielhafte Ursachenzuschreibungen hierfür sind: „Ich habe verloren, weil es viel zu windig war, um gut Tennis spielen zu können", „Ich habe verloren, weil ich durch eine Erkältung gehandicapt war", „Ich habe verloren, weil ich mich über das Verhalten meiner Eltern geärgert habe". Solche Erklärungsmuster sind zunächst selbstwertdienlich, da sie die Verantwortlichkeit der eigenen Person für den Misserfolg ausblenden – nicht der Athlet selber ist verantwortlich, sondern vielmehr sind es widrige Umstände, die außerhalb seiner Kontrolle stehen.

Aber genau an dieser Stelle befindet sich der Knackpunkt solcher Erklärungsmuster: Sie stehen außerhalb der Kontrolle der eigenen Person. Faktoren, die außerhalb unserer eigenen Kontrolle stehen, sind jedoch von uns nicht zu beeinflussen; jetzt nicht und in zukünftigen Leistungssituationen auch nicht.

Dies bedeutet: Macht ein Athlet solche Ursachen für erlebten Misserfolg aus, so muss er damit rechnen, dass diese Faktoren auch künftig auf sein Leistungsverhalten negativen Einfluss nehmen, ohne dass er aktiv etwas dagegen tun kann. Von daher sind solche Erklärungsmuster zwar *kurzfristig, aber keineswegs langfristig selbstwertdienlich* und auch nicht leistungsfördernd, weil sie den Athleten zu einem passiven, reagierenden Objekt auf dem Platz werden lassen, nicht aber zu einem aktiven, agierenden Subjekt.

Dieses Ziel vor Augen, liegt die Perspektive für eine leistungsfördernde Ursachenzuschreibung nach erlebtem Misserfolg nahe: Es sind eben diese Faktoren, die zwar in der eigenen Person liegen, die aber zeitlich variabel sind und insofern eben auch aus eigener Kraft beeinflusst werden können.

- Exemplarische Ursachenzuschreibungen hierfür sind: „Ich habe verloren, weil ich mich nicht ausreichend angestrengt habe", „Ich habe verloren, weil ich mich am Abend vor dem Match undiszipliniert verhalten habe" oder „Ich habe verloren, weil ich mir vor dem Match keine vernünftige taktische Marschroute zurecht gelegt habe".

Unmittelbar nach der Leistungssituation ist eine solche Form der kritischen Selbstreflexion sicherlich belastend, sie eröffnet dem Athleten aber die Möglichkeit der Kontrolle über den Umgang mit seinem Leistungsverhalten, weil sie mögliche Wege der Veränderung aufzeigt.

Selbstverständlich geht es bei der Förderung günstiger Ursachenzuschreibungen nicht darum, weltfremd an den Realitäten vorbeizudenken. So kann eine Niederlage selbstverständlich auch darin begründet sein, dass etwa ein konkreter Gegner schlicht spielerisch überlegen war. Dieses zu erkennen und anzuerkennen, ist keineswegs schädigend. Aber auch diese Überlegenheit ist eben kein zwingend stabiler Faktor, vielmehr bietet eine solche Analyse die Möglichkeit, eigene Defizite (etwa im technischen oder taktischen Bereich) kritisch zu analysieren, um auf diesem Weg das Leistungsvermögen zu steigern.

> **ÜBUNG: BEOBACHTUNG DES SPIELVERHALTENS**
> - Welche Ihrer Eigenschaften, Fähigkeiten oder Fertigkeiten haben Sie in letzter Zeit als Ursache für einen (sportlichen) Erfolg angenommen?
> - Bitten Sie Ihren Trainer oder einen Trainingskollegen darum, eines Ihrer nächsten Spiele bzw. Trainingseinheiten zu filmen.
> - Schauen Sie sich danach das Video sorgfältig an. Nehmen Sie sich hierfür ausreichend Zeit und beantworten Sie die folgenden Fragen:
>   - In welchen Spielsituationen waren Sie zufrieden mit Ihrer Leistung?
>   - In welchen Situationen haben Sie sich möglicherweise nicht ausreichend angestrengt?
>   - Welche Ihrer Verhaltensweisen auf dem Platz waren positiv, welche bewerten Sie als negativ?
>   - Was müssten Sie in mentaler Hinsicht verbessern?
>
> Diese Analyse kann Ihnen entscheidend helfen, Ihre Leistung im Match oder im Training angemessener zu analysieren und entsprechende Bewertungen vorzunehmen. Wiederholen Sie diesen Vorgang regelmäßig und ziehen Sie auch Ihnen wichtige Personen (Trainer, Mannschaftskollegen) in diese Analyse ein, auf diese Weise erhalten Sie neben der Selbsteinschätzung eine zusätzliche Rückmeldung von außen.

Mental starke Spieler unterscheiden sich nun von mental schwachen Spielern dahingehend, welche Ursachen sie für erlebten Erfolg und Misserfolg in Leistungssituationen verantwortlich machen. Zusammenfassend wissen wir aus der Forschung, dass mental starke Spieler *selbstwertdienliche und leistungsfördernde Erklärungen* bevorzugen, mental schwache Spieler in höherem Maße jedoch *selbstwertschädigende und leistungshemmende Erklärungen*.

Dies bedeutet demnach: Internale (eher stabile als variable) Faktoren bei Erfolg sowie internale variable Faktoren bei Misserfolg zeichnen den mental starken Athleten aus. Wenngleich die Annahme externaler Faktoren für Misserfolg zunächst günstig (weil selbstwertdienlich) erscheinen mag, ist sie jedoch mittel- und langfristig keineswegs leistungsfördernd, da ebendiese Faktoren nicht aus eigener Kraft verändert werden können. Solche Zuschreibungsmuster wirken insofern nicht positiv auf die mentale Fitness von Athleten. Externale variable Faktoren bei Erfolg sowie internale stabile

Faktoren bei Misserfolg zeichnen den mental schwachen Athleten aus. Der mental starke Athlet sieht eher das halb volle Glas, der mental schwache Athlet sieht eher das halb leere Glas.

Diese Ausführungen lassen erkennen, dass es für die Leistungsentwicklung weniger relevant ist, ob der Athlet objektiv Erfolg oder Misserfolg hat, vielmehr ist entscheidend, wie dieser Athlet subjektiv Erfolg oder Misserfolg erlebt und damit umgeht.

Gerade für das Erleben von Erfolg und Misserfolg aufgrund der jeweils gewählten Ursachenzuschreibungen spielt neben dem Athleten auch das relevante Umfeld eine wesentliche Rolle – denn auch Trainer, Eltern, Freunde und Funktionäre suchen nach Erklärungen für das gezeigte Leistungsverhalten des Athleten.

In dieser Hinsicht ist nun nicht selten zu beobachten, dass das Umfeld dem Athleten direkt oder indirekt, beabsichtigt oder unabsichtlich, Erklärungsmuster anbieten, die Prozesse mentaler Schwächen weiter begünstigen:

- „Er hat mal wieder seine Führung nicht nutzen können." *Übersetzung:* Er hat verloren, weil er mental grundsätzlich zu schwach ist.
- „Gegen diesen Gegner durfte man auch nicht verlieren." *Übersetzung:* Er hat gewonnen, weil der Gegner zu schwach war.
- „Es hat einfach keinen Zweck mit ihm." *Übersetzung:* Er hat verloren, weil sein Leistungsvermögen nicht ausreichend ist.

Halten wir fest, dass selbstverständlich kein Athlet dazu „verdammt" ist, sich das eine oder andere Zuschreibungsmuster anzueignen. Jeder Athlet lernt im Laufe seiner Entwicklungsgeschichte ganz spezifische Zuschreibungsmuster und übernimmt sie von relevanten Personen. Die auf diese Weise entwickelten Muster können dann von außen entsprechend verstärkt werden. Im Umgang mit Athleten sollte man von daher stets berücksichtigen, dass diese sehr sensibel gegenüber Erklärungsmustern von außen sind. Bereits unausgesprochene kleine Andeutungen können den ohnehin schon aktivierten negativen Prozess beim Athleten zusätzlich verstärken.

Andererseits kann aber das *relevante Umfeld* mit seinen *Erklärungsmustern* auch dazu beitragen, einen solchen Kreislauf aufzubrechen und beim Spieler solche Muster zu fördern, die einen positiven Prozess in Gang setzen und die mentale Stärke des Athleten langfristig fördern.

Gleiches gilt natürlich vor allem auch für den Athleten selber. Führen wir uns diesen Prozess klar vor Augen und machen wir uns bewusst, wie wir selber mit unserer Art und Weise des Denkens destruktiven Einfluss auf das eigene Leistungsvermögen und damit auf unsere Leistungsentwicklung nehmen: Die Bewusstmachung dieses Prozesses ist der Ausgangspunkt dafür, künftig durch eine Veränderung des Denkens positiven Einfluss auf das eigene Leistungsverhalten zu nehmen und es auf diese Weise langfristig zu fördern. Machen wir uns also nicht zum automatisierten „Sklaven" unserer verfestigten kognitiven Strukturen, sondern nutzen wir vielmehr unser Potenzial zur Stärkung des eigenen Wohlbefindens und Leistungsvermögens. Voraussetzung hierfür ist, dass wir unsere Denkstrukturen zu kontrollieren lernen und auch gewillt sind, uns wirklich damit auseinanderzusetzen und an den identifizierten Schwachpunkten zu arbeiten. Das heißt konkret: Kontrollieren wir uns künftig, welche Erklärungskonzepte wir nach Leistungssituationen einsetzen und versuchen wir auf diesem Weg, mental schädigende durch mental förderliche Erklärungskonzepte zu ersetzen.

An alle Leser, die in einer Beratungs- oder Betreuungsfunktion tätig sind, bspw. als Elternteil oder als Trainer: Nutzen Sie das Gelesene auch im Umgang mit den Ihnen anvertrauten Athleten. Diese anfänglich mühsame, kleinschrittige Arbeit zahlt sich im Endeffekt aus, weil hierdurch in der Gesamtperspektive eine Persönlichkeitsstruktur gefördert wird, die sportliche Leistungssituationen auf einem hohen mentalen Niveau mit entsprechend höherer Erfolgswahrscheinlichkeit und deutlich mehr Spaß und Freude am Sport bewältigen wird.

Im Vergleich zu der eben erörterten Matchsituation (also 5:4 bei eigenem Aufschlag) kann die umgekehrte Situation (also 4:5 beim Aufschlag des Gegners) oftmals gerade bei mental schwachen Athleten zu einer temporären Leistungssteigerung führen – paradoxerweise kann nämlich in dieser Situation der faktische Nachteil zum psychologischen Vorteil werden: Der Athlet hat nichts mehr zu verlieren, er steht quasi mit dem „Rücken an der Wand" und kann von daher befreit aufspielen, so dass sich ihn bislang hemmende Blockaden auflösen. Dieses Platzverhalten wird dann von außen oftmals als besondere mentale Stärke wahrgenommen, obwohl ja leider genau das Gegenteil der Fall ist. Wie aber bereits ausgeführt, sind hieraus keine langfristig förderlichen Wirkungen zu erwarten, weil sich die Situation spätestens dann wieder ins Gegenteil verkehren wird, wenn im Falle des Ausgleichs (dann hat er ja wieder viel zu verlieren) der Druck auf den Athleten erneut ansteigen wird.

Auseinandersetzung mit der Matchsituation: „Möglichkeit zum Satz- oder Matchgewinn"

Generell gilt: Die wesentliche mentale Arbeit setzt an der grundsätzlichen psychischen Stärke des Spielers an, also an dessen Erleben von Herausforderung oder Bedrohung in der konkreten Leistungssituation. Vor diesem Hintergrund folgen nun einige Hilfestellungen für den Umgang mit der geschilderten Situation. Machen Sie sich die beschriebenen psychologischen Vorgänge bewusst – dies ist der Beginn für die Veränderung!

→ Setzen Sie aufkommenden negativen Gedanken bewusst positive Gedanken entgegen!

Versuchen Sie nicht, sich gegen aufkommende negative Gedanken zu wehren oder diese zu verdrängen. Entscheidend ist, dass Sie sofort positive Gedanken dagegen setzen, etwa „Ich spiele ruhig Punkt für Punkt" oder „Ich werde positiv jeden Ballwechsel spielen".

→ Vermeiden Sie jegliche Hektik, lassen Sie sich Zeit zwischen den Ballwechseln und achten Sie darauf, sich gut zu bewegen!

Auf diese Weise können Sie typischen Erscheinungsformen aufkommender körperlicher Verkrampfung effektiv entgegen wirken.

→ Führen Sie sich vor Augen, dass Ihr Gegner vor der gleichen Situation steht wie Sie selber!

Dies ist ein Umstand, den wir in unserer „kleinen Gedankenwelt" häufig völlig aus den Augen verlieren, der aber sehr wichtig ist – nicht nur für Sie ist es eine schwierige Situation, sondern eben auch für Ihren Gegner. Gehen Sie davon aus, dass Sie mit dieser Situation mindestens genauso gut klar kommen wie Ihr Gegner.

→ Egal, ob Sie die Möglichkeit zum Satz- oder Matchgewinn nutzen – trauern Sie nie verlorenen Chancen hinterher, sondern gehen Sie (falls erforderlich) positiv und kämpferisch in die nächsten Matches!

5.3 Der Tie-Break

Wenngleich aus rein spielerischer Sicht der Modus des Tie-Break-Spiels den aufschlagstarken Athleten (wegen der potenziell höheren Wahrscheinlichkeit „freier Punkte") begünstigt, so weiß jeder Tennisspieler aus eigener Erfahrung, dass gerade beim Tie-Break der Kopf eine zentrale Rolle spielt.

Führen wir uns die Ausgangslage vor Augen: Der Tie-Break wurde 1970 als knappste aller Satzentscheidungen für den Fall eingeführt, dass die Gleichwertigkeit beider Athleten keine „normale" Satzentscheidung im vernünftigen Zeitrahmen zulässt. Es wird also eine Entscheidung durch dieses veränderte Reglement erzwungen.

Mittlerweile spielt diese Regelung eine zunehmend wichtige Bedeutung im Tennis: So ist man im professionellen Bereich im Doppel zur Erhöhung der Attraktivität dazu übergegangen, dass im Falle des Einstands der nächste Ball über den Spielgewinn entscheidet, wodurch ein mehrfacher „Einstand – Vorteil – Einstand"-Spielstand verhindert wird (die returnierende Partei kann sich dabei die Seite aussuchen, zu der hin aufgeschlagen werden muss). In den Punktspielen der Vereine, aber auch auf vielen Turnieren hat sich zudem der Match-Tiebreak als Ersatz des dritten Satzes etabliert, um auf diese Weise den zeitlichen Rahmen einer Auseinandersetzung zu begrenzen. Dass hierbei jedoch gerade Athleten mit sehr guter physischer Konstitution um einen wichtigen Vorteil beraubt werden, ist die Kehrseite dieser Neuregelung.

Kommen wir zurück auf den Tie-Break: Der im „normalen" Satzverlauf mindestens vier bis oftmals zehn oder fünfzehn Ballwechsel andauernde Wechsel von Aufschlag- und Returnspielen wird nun drastisch auf jeweils zwei verkürzt, wobei ja bereits nach sieben bzw. zehn (im Match-Tiebreak) erzielten Punkten der gesamte Tie-Break beendet ist (natürlich mit der Einschränkung, dass zwei Punkte Vorsprung zum Gegner gegeben sein müssen).

Psychologisch bedeutet diese Ausgangslage also:

- Der Gegner spielt (momentan) relativ gleichwertig (ansonsten wäre der Spielstand ja gar nicht erst zustande gekommen).
- Bereits eine minimale Schwäche/Stärke eines der beiden Spieler kann den Satz entscheiden.
- Es kommt von daher wesentlich stärker als im „normalen" Satzverlauf auf jeden einzelnen Punkt an.
- Wenn also einzelne mental bedingte Schwächen im eigenen Spiel (Verkrampfung beim zweiten Aufschlag, Angst, die Vorhand durchzuziehen, Unsicherheiten beim Volley usw.) bislang über den Spielverlauf ggf. noch zu kompensieren waren, so entschuldigt der Tie-Break solche Schwächen nicht mehr. Noch bedrohlicher stellt sich die Situation wohl dar, wenn ein Athlet das gesamte Match über mit mentalen Schwächen zu kämpfen hat

Probleme in Zusammenhang mit spezifischen Matchsituationen

(sich der Aufgabe nicht gewachsen fühlt, grundsätzliche Versagensangst hat, unspezifisches Unwohlsein auf dem Platz verspürt usw.).

ÜBUNG: BEWUSSTMACHEN EIGENER STÄRKEN

Versuchen Sie einmal, auf Grundlage Ihrer bisherigen Erfahrungen im Match und im Training einen Katalog Ihrer eigenen Stärken zusammenzustellen. Die folgenden beispielhaften Fragen können Ihnen dabei helfen:

- Welche Aufschlagform spielen Sie mit dem größten Erfolg?
- Welcher Return gelingt Ihnen meist am besten?
- Aus welcher Position auf dem Feld erzielen Sie die meisten direkten Punkte?
- Rufen Sie sich diese Stärken immer wieder in Erinnerung, gerade in schwierigen Matchsituationen. Auf diese Weise rücken Sie das Positive bewusst in den Fokus Ihrer Aufmerksamkeit. Hierdurch wird Ihr Selbstvertrauen gestärkt und die Wahrscheinlichkeit erhöht, sich in wichtigen Situationen auf die eigenen Stärken zu besinnen.

Auseinandersetzung mit der Matchsituation: „Tie-Break"

Generell gilt: Die wesentliche mentale Arbeit setzt an der grundsätzlichen psychischen Stärke des Spielers an, also an dessen Erleben von Herausforderung oder Bedrohung in der konkreten Leistungssituation. Vor diesem Hintergrund folgen nun einige Hilfestellungen für den Umgang mit der geschilderten Situation. Machen Sie sich die beschriebenen psychologischen Vorgänge bewusst – dies ist der Beginn für die Veränderung!

→ Nehmen Sie sich in besonderem Maße vor, Punkt für Punkt zu spielen; unabhängig davon, ob es 0:0, 1:3 oder 5:2 steht – der nächste Ballwechsel im Tie-Break ist der wichtigste!

→ Setzen Sie aufkommenden negativen Gedanken positive Gedanken bewusst entgegen!

→ Versuchen Sie nicht, sich gegen aufkommende negative Gedanken zu wehren oder diese zu verdrängen. Entscheidend ist, dass Sie sofort positive Gedanken dagegen setzen, beispielsweise „Ich spiele ruhig Punkt für Punkt" oder „Ich werde positiv jeden Ballwechsel spielen".

→ Vermeiden Sie jegliche Hektik, lassen Sie sich Zeit zwischen den Ballwechseln und achten Sie darauf, sich gut zu bewegen!

Auf diese Weise können Sie typischen Erscheinungsformen aufkommender körperlicher Verkrampfung effektiv entgegen wirken.

→ Spielen Sie so weiter wie bisher und halten Sie sich an Ihre taktische Marschroute! Vermeiden Sie spielerische Experimente, Sie müssen im Tie-Break nichts Besonderes spielen, vermeiden Sie aber auch ein spezielles „Sicherheitsspiel".

→ Spielen Sie jeden Ball bis zum Ende durch und ziehen Sie in Ihrer Bewegung nicht zurück!
→ Versuchen Sie auch, sich zwischen den Ballwechseln gut zu bewegen.
→ Führen Sie sich vor Augen, dass Ihr Gegner vor der gleichen Situation steht wie Sie selber!

Dies ist ein Umstand, den wir in unserer „kleinen Gedankenwelt" häufig völlig aus den Augen verlieren, der aber sehr wichtig ist – nicht nur für Sie ist es eine schwierige Situation, sondern eben auch für Ihren Gegner. Gehen Sie davon aus, dass Sie mit dieser Situation mindestens genauso gut klar kommen wie Ihr Gegner.

→ Egal, wie der Tie-Break am Ende ausgeht – trauern Sie nie verlorenen Chancen hinterher, sondern gehen Sie positiv und kämpferisch in den nächsten Satz bzw. in die nächsten Matches!

5.4 Spiel- und Breakbälle

Nicht selten hört man in der Nachbesprechung eines Matches, dass dieses letztendlich durch ein, zwei wichtige Ballwechsel entschieden worden ist. Solche Aussagen beziehen sich dann meist auf die oben beschriebenen engen Situationen im Spielverlauf, bevorzugt am Ende eines Satzes oder Matches.

Weniger beachtet, aber aus mentaler Sicht von hoher Bedeutung ist der Umgang mit den vergleichsweise häufig auftretenden engen Situationen bei den diversen Aufschlag- und Returnspielen über das Match hinweg. Die Statistik gibt uns in dieser Hinsicht immer wieder Auskunft darüber, wie viele mögliche Spiel- und Breakbälle ein Athlet während des Matchverlaufes gehabt hat. Und wesentlich wichtiger: Sie gibt uns Aufschluss darüber, wie häufig diese Chancen dann auch genutzt wurden, also wie häufig daraus ein Spielgewinn resultierte.

Vor dem Hintergrund des bereits beschriebenen Vorteils des Aufschlägers in der Matchsituation ist der Gewinn des eigenen Aufschlagspiels die „Pflicht", der Gewinn des Returnspiels (also ein „Break") die „Kür". Von daher lassen sich vier prototypische Konstellationen mentaler Herausforderung unterscheiden:

- *der Athlet schlägt auf und hat sich einen Spielball erarbeitet*
  moderate mentale Belastung, weil das Scheitern nicht unmittelbar zum eigenen Nachteil führt und das Spiel in diesem Fall mit dem Vorteil des eigenen Aufschlages fortgesetzt wird

- *der Athlet muss als Rückschläger einen Spielball des Gegners abwehren*
  moderate mentale Belastung, weil das Scheitern nur zu einem „erwartbaren" Nachteil führt
- *der Athlet hat sich als Rückschläger einen Spielball erarbeitet*
  hohe mentale Belastung, da ein mögliches Break den weiteren Spielverlauf entscheidend zum eigenen Vorteil beeinflussen kann
- *der Athlet muss als Aufschläger einen Breakball abwehren*
  besonders hohe mentale Belastung, da ein mögliches Break den weiteren Spielverlauf entscheidend zu den eigenen Ungunsten beeinflussen kann

Die jeweiligen mentalen Konsequenzen ergeben sich also aus den möglichen Folgen des Gelingens versus Scheiterns für den weiteren Spielverlauf. Insofern kann sich etwa bei einem Athleten, der ein besonders schwacher Aufschläger, aber ein sehr starker Rückschlagspieler ist, diese Konstellation individuell anders darstellen, das grundlegende Phänomen ist aber identisch.

In der Gesamtsicht unterscheiden sich mental starke Athleten von mental schwachen Athleten dadurch, wie souverän sie

- ihre Spielbälle als Aufschläger nutzen,
- Breakchancen des Gegners abwehren,
- Spielbälle des aufschlagenden Gegners abwehren und
- eigene Breakchancen nutzen.

Die Ursachen hierfür sind gleichermaßen einfach, aber in ihrer Wirkung durchschlagend.

→ Jeder Athlet blickt in seiner Vergangenheit als Tennisspieler auf eine unglaubliche Vielzahl diesbezüglicher Situationen zurück. Er hat gelernt, ob er in diesen Situationen eher erfolgreich ist oder aber eben nicht.

→ Das Lernen von Erfolg für diese Situationen in der Vergangenheit führt dazu, dass die konkrete Situation als herausfordernd und nicht als bedrohlich wahrgenommen wird; es wird ein entsprechend positives Drehbuch aktiviert.

→ Das Lernen von Misserfolg für diese Situationen in der Vergangenheit führt hingegen dazu, dass die konkrete Situation als bedrohlich und nicht als herausfordernd wahrgenommen wird; die Aktivierung eines entsprechend negativen Drehbuchs ist die Folge.

→ Das Erleben von Erfolg oder Misserfolg führt zur Bestätigung des eigenen Selbstbildes und ist mit entsprechenden Ursachenzuschreibungen verbunden: „Ich weiß, dass ich in solchen wichtigen Situationen meinem Gegner überlegen bin", oder eben „Logisch, dass ich wieder einmal nicht meine Chancen genutzt habe".

→ Weil bei mental schwachen Athleten negative Ereignisse viel stärker gewichtet werden als gegenläufige positive Erfahrungen, „brennt" sich ein solcher Schwachpunkt in hohem Maße in die Denk- und Erlebensstruktur des Athleten ein.

Aus der sportpsychologischen Beratung ist bekannt, dass derartige Fokussierungen auf einzelne Schwachpunkte ein Kernproblem der mentalen Belastung darstellen können. Im beschriebenen Fall wiegt dies besonders folgenschwer: Der Athlet weiß nämlich, dass diese bedrohlichen Situationen vielfach (!) in dem Match auftreten werden, er weiß, dass er dafür kein Erfolg versprechendes Rezept hat, er weiß also, dass er scheitern wird – der klassische Fall einer sich-selbst-erfüllenden Prophezeiung ist somit gegeben. Und in der Regel ist eben aus der externen Beobachtung dann auch zu erkennen, dass der Athlet in solchen Situationen von seiner grundsätzlichen Linie abweicht; er spielt bspw. zu vorsichtig oder eben zu aggressiv, er versucht „Zauberbälle" usw.

Exkurs: Sich-selbst-erfüllende Prophezeiungen
Sich-selbst-erfüllende Prophezeiungen beschreiben ein Phänomen, bei dem „eine Überzeugung eine entsprechende Realität hervorbringt" (Jonas et al., 2007, S. 341). Also: Aufgrund einer solchen Überzeugung beeinflusse ich selber mein Verhalten in der Art und Weise, dass sich die Überzeugung mit höherer Wahrscheinlichkeit bewahrheiten wird.
Ein konkretes Beispiel aus dem Alltag zur Verdeutlichung: Die Angst vor Stürzen führt bei Senioren zu einer erhöhten muskulären Anspannung, die in der Folge dann faktisch zu mehr Stürzen bei diesen älteren Menschen führt.

Exkurs: Sich-selbst-erfüllende Prophezeiungen

Häufig stößt man auf das Phänomen der sich-selbst-erfüllenden Prophezeiung auch in Bildungszusammenhängen (Woolfolk, 2008). Rosenthal & Jacobson führten hierzu bereits 1968 ein Experiment durch, das sehr großes Aufsehen erregte und entsprechend bekannt geworden ist: An zwei amerikanischen Grundschulen wurden Lehrer davon überzeugt, dass einige der ihnen anvertrauten Schüler in nächster Zeit einen Entwicklungsschub dergestalt erleben würden, dass sich deren Intelligenz deutlich steigere. Tatsächlich wurde die Gruppe der Kinder rein zufällig nach dem Losverfahren ermittelt. Dennoch verbesserten sich die Kinder, von denen nun gute Fortschritte erwartet wurden, tatsächlich deutlicher als die restlichen Schüler. Die Forscher nahmen als Erklärung für diesen Effekt an, dass diese Unterschiede in der Leistungssteigerung dadurch zustande kamen, dass die Lehrer die „aufblühenden Schüler" (zumindest unbewusst) stärker förderten, ihnen also mehr Aufmerksamkeit schenkten, sie mit entsprechenden Aufgaben besonders motivierten usw. Zusätzlich wirkte sicherlich auch die Tatsache, dass die Schüler selber registrierten, wie sie gegenüber ihren Mitschülern anders, nämlich bevorzugter, seitens der Lehrer behandelt wurden.

Sich-selbst-erfüllende Prophezeiungen treten jedoch ebenfalls in anderen Kontexten auf, so eben im Bereich des Sports. Hierzu noch ein typisches Beispiel zur Veranschaulichung: Sieht ein Spieler bei sich eine Aufschlagschwäche und denkt darüber in einer kritischen Matchsituation nach, dann erhöht sich (zwangsläufig) die Wahrscheinlichkeit, einen Fehler beim Aufschlag tatsächlich auch zu produzieren. Dieses Beispiel lässt noch einmal klar erkennen, wie wichtig es ist, im Spielgeschehen die eigene Aufmerksamkeit auf die positiven Komponenten zu lenken und hieraus dann Motivation und Selbstvertrauen für das eigene Verhalten auf dem Platz zu ziehen.

Einen Spezialfall in diesem Zusammenhang stellt nachfolgende Situation dar: Der Athlet erarbeitet sich in einem Rückschlagspiel mehrere Breakbälle, die er aber allesamt nicht nutzen kann. Es lässt sich immer wieder beobachten, wie nunmehr die Wahrscheinlichkeit steigt, im künftigen Aufschlagspiel selber ein Break zu „kassieren".

Ursächlich hierfür ist das Zusammenwirken mehrerer Faktoren: Zum einen besteht die Gefahr, dass der Athlet nach einer solchen mental anstrengenden (und belastenden) Situation in ein kurzfristiges Konzentrationsloch fällt. Auf der anderen Seite wirkt häufig noch die Frustration über die vergebene Chance nach. Und schließlich resultiert aus der Situation motivationspsychologisch ein Vorteil für den Gegner, schließlich hat er die kritische Situation überstanden und kann relativ befreit in das nächste Spiel, nämlich sein Returnspiel, gehen.

An dieser Stelle hilft das *Wissen um einen solchen Effekt* schon weiter, um den skizzierten negativen Auswirkungen entgegen zu wirken. Der Athlet muss sich folglich vor seinem eigenen Aufschlagspiel wieder gedanklich in die „positive Spur" bringen, er muss sich zwischen den Ballwechseln ausreichend Zeit lassen, um konzentrative Schwächen zu vermeiden – vor allem muss er sich bewusst machen, dass er zwar eine Chance vergeben hat, dass er aber nicht wirklich in einen entscheidenden Matchnachteil geraten ist, er kann insofern entsprechend aktiv und kämpferisch den weiteren Spielverlauf angehen.

Hilfreich in dieser Situation ist natürlich, wenn zwischen dem verlorenen Returnspiel und dem eigenen folgenden Aufschlagspiel eine Spielpause durch den Seitenwechsel gegeben ist, welche dem Athleten hinreichend Zeit für eine entsprechend effektive Vorbereitung gibt. Wenn dies nicht der Fall ist, muss der Spieler die ihm den Regeln nach zustehenden Zeiträume zwischen den Ballwechseln im beschriebenen Sinne nutzen.

Auch auf anderer Ebene wird die vergleichsweise viel höhere Bedeutung erfahrener negativer Ereignisse gegenüber positiven Ereignissen bei mental schwachen Athleten offensichtlich: Selbst wenn ein Athlet bislang mit solchen Situationen keine besonderen Probleme gehabt hat (also diesbezüglich nicht über eine negative Lernvergangenheit verfügt), können bereits wenige negative Erfahrungen in kritischen Situationen (so etwa bei einem für den Athleten besonders wichtigen Match) dazu führen, dass sich bei ihm der Gedanke festsetzt, besondere Probleme mit diesen Situationen zu haben. Gelingt es dem Athleten in der Folge nicht, dieser wachsenden Belastung relativ schnell entgegen zu wirken, kann aus einem temporären nicht selten ein dauerhaftes Problem werden, nämlich ein durchgängiger Schwachpunkt in seinem Leistungsvermögen.

Das sagen die Profis

„Nach jedem Spiel habe ich Probleme einzuschlafen, nach wichtigen erst recht. Da geht einem viel durch den Kopf. Der misslungene Freiwurf, das ganze Spiel, die vielen verpassten Chancen. Das Nachdenken gehört zum Sport, aber dazu gehört auch, solche Spiele zu verkraften."

(Dirk Nowitzki, zit. n. Gilbert, 2007, o.S.)

Exkurs: Der Umgang mit negativen Gedanken

Wie bereits deutlich geworden ist, muss gerade auch für den Umgang mit sogenannten kritischen Matchsituationen die entscheidende sportpsychologische Arbeit an den diesbezüglichen Denkmustern eines Athleten ansetzen, diese sind stets mit einem entsprechenden emotionalen Erleben verbunden. Die Bedeutung dieser Arbeit wird von vielen aktiven Athleten immer wieder in diesbezüglichen Stellungnahmen beschrieben.

Ein grundlegendes und von den Athleten immer wieder zu Recht angemerktes Dilemma besteht nun zunächst darin, dass sie negative Gedanken ja nicht einfach ausblenden können, schon gar nicht liegt es in ihrer Macht, deren Auftreten grundsätzlich verhindern zu können. Die typische Frage in diesem Zusammenhang lautet daher: Wie kann ich als Athlet denn meine negativen Gedanken verdrängen?

Die klare Antwort darauf lautet: Gar nicht! Davon abgesehen kann eine Verdrängung negativer Gedanken auch nicht wirklich eine Lösung der problematischen Situation sein. Verdrängen bedeutet ja schließlich, dass wir uns nicht wirklich mit der kritischen Situation als solche auseinandersetzen – und zwar in der Überzeugung, dieser Bedrohung nichts Effektives entgegensetzen zu können.

Als Athleten müssen wir von daher lernen, diese passive, negative Haltung aufzugeben und vielmehr zu einer *aktiven, positiven Haltung* zu gelangen. Hierbei besteht die Grundidee in dem Lernprozess, als negativ ausgemachte Elemente der eigenen Denkstruktur schrittweise durch positive Elemente zu ersetzen – also eine Veränderung der Bestandteile der eigenen Denkstruktur vorzunehmen, die sich destruktiv auf die Person auswirken. Dieser Prozess wird in der Psychologie „kognitive Umstrukturierung" genannt und ist eine Vorgehensweise, die auch in der psychotherapeutischen Arbeit vielfach erfolgreich eingesetzt wird.

Der Lernprozess ist also darauf ausgerichtet, *positive Gedanken* diesen negativen Gedanken entgegenzusetzen, sobald solche negativen Gedanken registriert werden. Als Athleten müssen wir also durchaus akzeptieren, dass negative Gedanken auftreten können – allein diese Akzeptanz nimmt den negativen Gedanken schon eine erhebliche Bedrohung. Die Einstellung, diese negativen Gedanken in der Folge durch das aktive In-Gang-setzen von positiven Gedanken bekämpfen zu können, stellt eine wirksame Bewältigungsstrategie dar, welche den Bedrohungscharakter noch weiter reduziert.

Hierzu ein typisches Beispiel aus dem Alltag: Viele Menschen haben Angst, vor anderen Menschen zu erröten. Da es sich beim Erröten (ähnlich wie bei dem Auftreten negativer Gedanken) um einen Vorgang handelt, der von der eigenen Person nicht willentlich beeinflusst werden kann, der aber in der Folge ein hohes Maß an Scham und Peinlichkeit auslöst, ist die erlebte Bedrohung vor dem Eintreten einer solchen Situation relativ hoch.

Exkurs: Der Umgang mit negativen Gedanken

Analog zu der Situation des Tennisspielers, der sich mit negativen Gedanken auf dem Platz „quält", muss eine solche Person lernen, das Erröten in öffentlichen Situationen zu akzeptieren. Ein geeignetes Hilfsmittel ist in diesem Zusammenhang im Übrigen das direkte Ansprechen des eigenen Problems vor den anderen: „Häufig erröte ich ohne Grund vor anderen Menschen, was mir äußerst unangenehm ist. Ich kann dies aber nicht beeinflussen."

Eine solche Vorgehensweise nimmt der Situation ihre bedrohliche Komponente mit dem Effekt, dass das Eintreten des unangenehmen Errötens mit hoher Wahrscheinlichkeit gar nicht passieren wird – und wenn es dann doch passiert, ist die Peinlichkeit für die Person durch die Kommunikation darüber erheblich geringer.

Entscheidend bei diesem Prozess ist jedoch die kontinuierliche, disziplinierte Arbeit an der kognitiven Umstrukturierung. Da sich solche Denkmuster in der Regel über viele Jahre aufgebaut und entwickelt haben, kann man diese nicht einfach in einigen Tagen oder Wochen verändern – Disziplin und Geduld des Athleten, verbunden mit der positiven Überzeugung, mental auf dem richtigen Weg zu sein, bilden in dieser Hinsicht die Eckpfeiler des Erfolges.

Im Folgenden sind zur Veranschaulichung einige Beispiele kognitiver Umstrukturierung dargestellt.

negativer Gedanke	*positiver Gedanke*
Ich werde den Breakball wieder nicht nutzen.	Konzentriere dich auf den Ballwechsel, spiele dein Spiel konsequent durch.
Gegen schwächere Spieler habe ich immer Schwierigkeiten.	Du weißt, was du taktisch zu tun hast. Gib alles, was möglich ist und halte dich konsequent an deine Marschroute.
Warum kann ich einen Tie-Break nicht ausnahmsweise einmal vernünftig spielen?	Spiele Punkt für Punkt, ändere deine Taktik nicht und versuche, das Beste aus der Situation zu machen.
Hoffentlich kann ich jetzt bei meinem Aufschlagspiel „den Sack zu machen".	Lass dir vor jedem Aufschlag ausreichend Zeit und spiele Ballwechsel für Ballwechsel.
Heute ist mal wieder ein rabenschwarzer Tag.	Der nächste Punkt ist der wichtigste, konzentriere dich auf die einzelnen Ballwechsel und fighte dich in das Match.

Exkurs: Der Umgang mit negativen Gedanken

Dieses sind prototypische Beispiele, bei jedem Athleten werden diese ganz individuell sein, die grundlegende Richtung der anzustrebenden positiven Gedanken ist jedoch stets dieselbe – der Fokus der positiven Gedanken liegt ausschließlich auf den Faktoren, die wir als Athleten selber unter unserer Kontrolle haben. Dies mag sich bei einer solchen tabellarischen Auflistung vielleicht für den einen oder anderen Leser ein wenig „zu simpel" anhören, mancher mag eine durchschlagende Wirkung solcher „schlichten" Arbeitsanweisungen wahrscheinlich auch bezweifeln. Aber der Erfolg gibt dieser Methode Recht, die Ergebnisse der sportpsychologischen Arbeit sprechen nämlich eine eindeutige Sprache: Wem es gelingt, konsequent und langfristig negative, nicht kontrollierbare Denkmuster durch positive, kontrollierbare Denkmuster zu ersetzen, der wird immer weniger Situationen im Match als bedrohlich erleben und von daher über die Zeit eindeutig an mentaler Stärke gewinnen. Nicht spektakuläre Verfahren, sondern solide Arbeit führen auch im Hinblick auf die mentale Fitness des Menschen zu dauerhaften Erfolgen.

Das sagt die Wissenschaft

„Nach wie vor ist eine klare Trennung von klinischer Psychologie und Sportpsychologie aufrecht zu erhalten. Sportpsychologen therapieren nicht, sondern unterstützen Athleten, Mannschaften und Trainer dabei, ihr Training und den Abruf des jeweiligen Leistungspotenzials im Wettkampf zu optimieren."

(Beckmann & Elbe, 2011, S. 13f.)

ÜBUNG: GEDANKEN-CHECK

- Versuchen Sie einmal im Sinne der oben beschriebenen kognitiven Umstrukturierung, einen negativen Gedanken, der Ihnen sehr häufig durch den Kopf geht, durch einen positiven, konstruktiven Gedanken zu ersetzen.
- Sollte Ihnen das schwer fallen, können Sie einmal überlegen, was Sie einem anderen Spieler in einer vergleichbaren Situation zurufen würden.
- Nehmen Sie dabei auch die Hilfe Ihres Umfeldes (Trainer, Team usw.) ganz bewusst in Anspruch. Wie nehmen diese Sie von außen wahr, welche negativen Gedanken glauben diese bei Ihnen zu erkennen?
- Versuchen Sie, von nun an in dieser Situation grundsätzlich den positiven Gedanken einzusetzen. Dabei ist es völlig normal, wenn Ihnen dies zu Beginn schwerfällt. Geben Sie trotzdem nicht auf, und rufen Sie sich Ihren neuen positiven Gedanken immer wieder ins Gedächtnis.
- Nach einiger Zeit können Sie dann einen weiteren, häufig auftretenden negativen Gedanken hinzunehmen und mit diesem ebenso verfahren wie mit dem ersten. Auf diese Weise lernen Sie, sukzessiv destruktive Gedanken zu eliminieren und durch konstruktive Gedanken zu ersetzen.

Auseinandersetzung mit der Matchsituation: „Spiel- und Breakbälle"

Generell gilt: Die wesentliche mentale Arbeit setzt an der grundsätzlichen psychischen Stärke des Spielers an, also an dessen Erleben von Herausforderung oder Bedrohung in der konkreten Leistungssituation. Vor diesem Hintergrund folgen nun einige Hilfestellungen für den Umgang mit der geschilderten Situation. Machen Sie sich die beschriebenen psychologischen Vorgänge bewusst – dies ist der Beginn für die Veränderung!

→ Setzen Sie aufkommenden negativen Gedanken positive Gedanken bewusst entgegen! Versuchen Sie nicht, sich gegen aufkommende negative Gedanken zu wehren oder diese zu verdrängen. Entscheidend ist, dass Sie sofort positive Gedanken dagegensetzen, bspw. „Ich spiele ruhig den Breakball" oder „Ich werde positiv bei diesem Spielball agieren."

→ Vermeiden Sie jegliche Hektik, lassen Sie sich Zeit vor dem Spiel- oder Breakball und achten Sie darauf, sich gut zu bewegen!

Auf diese Weise können Sie typischen Erscheinungsformen aufkommender körperlicher Verkrampfung effektiv entgegen wirken.

→ Führen Sie sich vor Augen, dass Ihr Gegner vor der gleichen Situation steht wie Sie selber!

Dies ist ein Umstand, den wir in unserer „kleinen Gedankenwelt" häufig völlig aus den Augen verlieren, der aber sehr wichtig ist – nicht nur für Sie ist es eine schwierige Situation, sondern eben auch für Ihren Gegner. Gehen Sie davon aus, dass Sie mit dieser Situation mindestens genauso gut klar kommen wie Ihr Gegner.

→ Egal, ob Sie den Spiel- oder Breakball nutzen – trauern Sie keineswegs verlorenen Chancen hinterher, sondern gehen Sie positiv und kämpferisch in den nächsten Ballwechsel!

5.5 Kritische Situationen, in denen sich das Spielgeschehen wendet

In manchen Matches dominiert über den gesamten Verlauf ein Athlet, manche Matches sind hingegen sehr ausgeglichen. Bei einer Reihe von Matches spricht zwar das Ergebnis deutlich zugunsten eines Athleten, es spiegelt aber den tatsächlichen, ausgeglichenen Spielverlauf keineswegs wider – so kann bspw. ein Satz 6:2 enden, dennoch gab es überwiegend ausgeglichene Ballwechsel, hierbei jedoch mit der einerseits effektiven (bei Spieler A) und andererseits ineffektiven (bei Spieler B) Nutzung der Spiel- und Breakbälle.

Über diese Möglichkeiten hinaus weiß jeder Athlet aus eigener Erfahrung, dass manches Mal ein Match einen überraschenden, völlig unerwarteten Verlauf nehmen kann, das Match droht dann zu „kippen": So gerät derjenige Athlet, der bis dato den Spielverlauf eindeutig dominiert hat, nunmehr zunehmend in die Defensive. Oder es gelingt im umgekehrten Fall einem Athleten, aus einer scheinbar aussichtslosen Situation immer besser in das Match zu kommen und plötzlich das Spielgeschehen zu beherrschen. Einzelne, kritische Ereignisse im Spielverlauf können eine solche Wende einleiten.

- Ein typisches Beispiel für den beschriebenen Vorgang: Nach einer klaren 6:2-Führung nach dem ersten Satz ist das Aufschlagspiel des in Front liegenden Athleten bei 1:1 im zweiten Satz durch zwei leichte Konzentrationsfehler zu Beginn des Aufschlagspiels erstmals umkämpft, es endet zwanzig Minuten später unglücklich aufgrund eines Netzrollers mit dem Aufschlagverlust zum 1:2. An dieser Stelle „kippt" nun das Match und es gelingt dem Gegner, den weiteren Verlauf des Geschehens zunehmend zu dominieren. Diese Veränderung lässt sich auch an dem Platzverhalten beider Athleten festmachen: Der zunächst positiv, aktiv und kämpferisch auftretende Spieler wird zunehmend aggressiv und wirkt bisweilen sogar hilflos, während sich sein Kontrahent durch ein immer positiveres Platzverhalten auszeichnet, er feuert sich an, bewegt sich gut auf dem Platz und nimmt eine immer siegessicherere Haltung an. Das Match endet für diesen Spieler am Ende 2:6, 6:3, 6:1.

Eine andere Form der Wende im Match ist gegeben, wenn nach einem bislang relativ ausgeglichenen Spielverlauf „plötzlich" einer der beiden Athleten deutlich die Oberhand gewinnt und im weiteren Geschehen eindeutig überlegen ist.

- Auch für diesen Vorgang sei ein typisches Beispiel genannt: Bis zum 4:4 im ersten Satz gewinnen beide Athleten ohne größere Probleme ihre Aufschlagspiele, es handelt sich also um einen sehr ausgeglichenen Spielverlauf. In diesem Stadium des Matches hat der Rückschlagspieler nunmehr acht Breakbälle, die er aber alle nicht zu seinen Gunsten verwerten kann. In der Folge „kippt" das Match, dem Gegner gelingt es sehr einfach aufgrund mehrerer leichter Fehler, dem anderen dessen Aufschlag zum 6:4 abzunehmen, der zweite Satz geht ohne größere Probleme mit 6:1 an ihn.

Beispiele dieser Art sind uns allen aus der Praxis vielfach bekannt. Wie aber sind solche Phänomene sportpsychologisch zu beschreiben?

Deutlich wird in beiden prototypisch genannten Fällen, dass bereits ein einzelnes kritisches Ereignis im Matchverlauf ausreichen kann, um den weiteren Fortgang entscheidend in die eine oder andere Richtung zu lenken. In Gesprächen mit Profispielern im Zuge der Analyse solcher Ereignisse bei eigenen Wettkampfsituationen wird erkennbar, dass diese Ereignisse eine Art Eigendynamik entwickeln können, denen sich dann beide Seiten in der Situation auch durchaus bewusst sind. Dies bedeutet: Beide Athleten realisieren durchaus den hervorgehobenen Charakter dieser Situation für das nachfolgende Geschehen – sie merken dies, während sie in dieser Situation agieren und reagieren. Führen wir uns diese psychologische Ausgangslage noch einmal vor Augen, so wird deren Tragweite für beide Athleten offensichtlich; es dominiert weniger das *spielerische Duell*, sondern vielmehr das *psychologische Duell* auf dem Platz. Und eben genau aus diesem und nur aus diesem Grund können solche Situationen derartig deutliche Nachwirkungen haben.

Dieses psychologische Duell zu gewinnen, bedeutet einen erheblichen motivationalen Vorteil für den weiteren Spielverlauf und ist mit einer deutlichen Signalwirkung für das eigene Selbstvertrauen auf dem Platz verbunden. Von daher verwundert es auch nicht, wenn Athleten immer wieder berichten, dass nach einem solchen „Sieg" im psychologischen Duell „plötzlich" der ganze Spiel- und Bewegungsrhythmus flüssiger gewesen ist, man sich viel mehr zugetraut hat (mit entsprechendem Erfolg) und subjektiv sicher gewesen ist, das Match nicht mehr aus der Hand geben zu können.

Genau diese subjektive Sicherheit mit dem entsprechenden Selbstvertrauen strahlt nun aber – umgekehrt betrachtet – auf den Gegenspieler aus, der dieses psychologische Duell verloren hat. Die positive Motivation für den weiteren Spielverlauf sinkt, das Vertrauen in die eigenen Möglichkeiten wird reduziert, der Athlet wird unsicher in seinen Aktionen, zudem können die mentalen Konsequenzen entsprechend negativ auf seinen gesamten Spiel- und Bewegungsrhythmus ausstrahlen.

Wie wir es bereits für die anderen spezifischen Matchsituationen formuliert haben, gilt selbstverständlich auch bei diesem Phänomen: Lernerfahrungen aus der Vergangenheit, damit verbundene Drehbücher und Denkstrukturen sowie schließlich die vorgenommene Zuschreibung von Ursachen für das Zustandekommen des eigenen Erfolgs und Misserfolgs sind die entscheidenden Erklärungsfaktoren für die mentale Stärke oder Schwäche, die ein Athlet in dieser Situation aufzubringen in der Lage ist. Genau aus diesem Grund dürfen wir uns eben nicht zum passiven Opfer unserer eigenen negativen Denkstrukturen machen, sondern müssen vielmehr unsere Energie darauf verwenden, aktiv und positiv auf die Situation einzuwirken.

ÜBUNG: SICH IN DIE SITUATION HINEINVERSETZEN

- Erinnern Sie sich an eine Matchsituation, in der Sie ein zunächst ausgeglichenes Spiel am Ende gewinnen konnten.
- Wie haben Sie sich in dieser Situation gefühlt?
- Welche positiven Gedanken haben Sie begleitet und Ihnen geholfen?
- Was ist Ihnen besonders gut gelungen?
- Versuchen Sie, sich so gut wie möglich in diese Situation hineinzuversetzen und schreiben Sie sie in Form eines Drehbuches auf; dies ist zwar etwas aufwändig, führt aber zu einer genaueren Rekonstruktion und erleichtert Ihnen die Abrufbarkeit für künftige Situationen im Training oder im Match.

Exkurs: Auswirkungen positiver und negativer Lernerfahrungen

Es ist bereits an verschiedenen Stellen darauf hingewiesen worden, dass unsere Lernerfahrungen aus der Vergangenheit in zentraler Weise unser Verhalten prägen, dies gilt selbstverständlich auch für den Umgang mit mental herausfordernden Situationen im Tennis. Für ein besseres Verständnis dieser psychologischen Prozesse werden im Folgenden einige besonders bedeutsame Lernprinzipien zusammenfassend dargestellt.

Grundsätzlich lässt sich jedes Verhalten eines Menschen aus dem Wechselspiel zweier Bedingungskomponenten erklären:
- anlagebedingte Faktoren: Einflüsse, die sich aus der genetischen Veranlagung des Menschen ergeben und insofern vererbt sind
- umweltbedingten Faktoren: Einflüsse, die sich aus der Auseinandersetzung des Menschen mit seiner Umwelt ergeben und insofern gelernt sind.

> **Exkurs: Auswirkungen positiver und negativer Lernerfahrungen**
>
> Bei jedem Persönlichkeitsmerkmal des Menschen, ob nun Intelligenz, Aggressivität oder Angst, sind von daher immer beide Komponenten zu berücksichtigen, allerdings zum Teil in unterschiedlich starker Ausprägung. Beide Komponenten wirken hierbei in komplexer Weise zusammen, es handelt sich keineswegs um eine „schlichte Addition" von Anlage- und Umweltfaktoren. Bis zum heutigen Tag ist es eine gleichermaßen wichtige und schwierige Frage für die Forschung, die jeweiligen Anteile an dem beobachtbaren Verhalten zu bestimmen. Entscheidend ist allerdings: Kein Verhalten ist ausschließlich das Ergebnis eines der beiden Faktoren, sie spielen stets zusammen.
>
> Grundsätzlich neigen wir jedoch dazu, den Anteil von vererbten Faktoren gegenüber dem Anteil an gelernten Faktoren zu überschätzen – wahrscheinlich vielfach aus dem Grund, dass man ja für die Erbanlagen nicht verantwortlich ist und dementsprechend auch keine Notwendigkeit (und Möglichkeit) zur Veränderung sieht.
>
> Das Gegenteil ist jedoch der Fall: Durch entsprechende Lernerfahrungen können wir in ganz erheblichem Maße auf die den Menschen bestimmenden Persönlichkeitsmerkmale einwirken – sowohl im positiven als auch im negativen Sinn. Und wichtig ist: Jedes einmal gelernte Verhalten (ob nun positiv oder negativ) kann auch wieder verlernt werden!

Für den Bereich des Sports sind nun drei Lernarten von besonderer Bedeutung:

- das Lernen durch Konsequenzen
- das Lernen durch Einsicht
- das Lernen am Modell

Das Lernen durch Konsequenzen ist in seinem Grundmuster einfach zu beschreiben: Verhaltensweisen, die positive Konsequenzen nach sich ziehen, werden in Zukunft mit höherer Wahrscheinlichkeit als zuvor auftreten. Positive Konsequenzen können materieller (Geld, Spielzeug) oder auch immaterieller Art (Lob, Anerkennung) sein. Entscheidend ist, dass diese Konsequenzen von der agierenden Person als angenehm erlebt werden.

Einige Beispiele aus dem Alltag:

- Ein Kind schreibt eine gute Note in einer Klassenarbeit und wird dafür von seinen Eltern mit einem Kinobesuch belohnt. Das Ziel der Belohnung besteht darin, dass das Kind sich auch künftig bemüht, gute

Schulleistungen zu erbringen. Die Wahrscheinlichkeit des Verhaltens, sich weiterhin anzustrengen, steigt auf diese Weise.

- Ein Mitarbeiter hat eine Projektarbeit zur Zufriedenheit seines Vorgesetzten beendet und bekommt dafür drei Tage Sonderurlaub. Das Ziel der Belohnung besteht darin, dass der Mitarbeiter sich auch künftig bemüht, gute Arbeitsleistungen zu erbringen. Auch in diesem Beispiel steigt die Wahrscheinlichkeit weiterer Anstrengung beim Mitarbeiter für die Zukunft.

Bezogen auf die Leistungssituationen im Tennis:

- Ein Athlet hat sich im Training sehr bemüht und wird dafür von seinem Trainer ausdrücklich gelobt. Das Ziel der Belohnung besteht darin, dass der Spieler auch künftig im Training alles gibt. Die Wahrscheinlichkeit, dass er dies nunmehr tut, wird durch die Belohnung gefördert.
- Ein Athlet hat sich besonders intensiv auf einen Wettkampf vorbereitet und erzielt nunmehr auffallend gute Ergebnisse. In diesem Fall kommt die Belohnung nicht explizit von außen, sondern sie besteht vielmehr aus den Konsequenzen im Sinne des positiven Resultates, welches der Athlet auf seine intensive Vorbereitung zurückführt. Dass er sich künftig weiterhin intensiv auf anstehende Wettkämpfe vorbereitet, wird insofern wahrscheinlicher.

ÜBUNG: EIGENLOB STINKT NICHT!

- Gehen Sie jede Trainingseinheit nach ihrem Ende noch einmal in Gedanken durch und versuchen Sie, mindestens fünf Dinge zu finden, die Ihnen gut gelungen sind (besonders schwierige Schläge, taktisch kluges Verhalten, starke konzentrative Leistung usw.).
- Sie lenken damit ganz bewusst Ihre Aufmerksamkeit auf die positiven Elemente Ihres Spiels, hieraus können Sie Zufriedenheit, vor allem aber auch Motivation und Engagement für die künftigen Einheiten gewinnen.

Im logischen Gegensatz zu den positiven Konsequenzen werden Verhaltensweisen, die negative Konsequenzen nach sich ziehen, in Zukunft mit geringerer Wahrscheinlichkeit als zuvor auftreten. Negative Konsequenzen können wiederum materieller (Entzug von Geld, Spielzeug) oder immaterieller Art

(Tadel, Nichtbeachtung) sein. Entscheidend ist, dass diese Konsequenzen von der handelnden Person als unangenehm erlebt werden.

Übertragung obiger Beispiele aus dem Alltagsleben auf negative Lernerfahrungen:

- Ein Kind erhält eine schlechte Note in einer Klassenarbeit und wird dafür von seinen Eltern mit einem Fernsehverbot bestraft. Das Ziel der Bestrafung besteht darin, dass das Kind sich künftig mehr bemüht, bessere Schulleistungen zu erzielen. Letztendlich soll also über den Weg der Bestrafung das Engagement des Kindes gefördert werden.
- Ein Mitarbeiter hat eine Projektarbeit zur absoluten Unzufriedenheit seines Vorgesetzten beendet, in der Folge genehmigt der Vorgesetzte nicht den von ihm geplanten Kurzurlaub. Das Ziel dieser Bestrafung besteht auch in diesem Fall darin, dass der Mitarbeiter sich künftig stärker bemüht, schlechte Ergebnisse zu vermeiden (und damit positive Resultate zu erzielen).

Übertragung auf oben angesprochene Leistungssituationen im Tennis:

- Ein Athlet hat sich im Training gehen lassen und wird für diese Verhalten von seinem Trainer ausdrücklich getadelt. Das Ziel der Bestrafung besteht darin, dass der Athlet künftig eine solche lasche Haltung im Training nicht mehr zeigt. Die Wahrscheinlichkeit des Auftretens fehlender Disziplin soll demnach für die Zukunft vermindert werden.
- Ein Athlet hat sich sehr unprofessionell auf einen Wettkampf vorbereitet und erzielt nunmehr unerwartet schlechte Ergebnisse. In diesem Fall kommt die Bestrafung nicht explizit von außen, sondern sie besteht in den negativen Resultaten, welche vom Athleten auf seine unprofessionelle Vorbereitung zurückgeführt werden. Wenn diese Einsicht der Fall ist, wird sich dieser Athlet wahrscheinlich in Zukunft professioneller auf anstehende Wettkämpfe vorbereiten – nicht aber, wenn er andere Ursachen für die schlechten Ergebnisse ausmacht (starke Gegner, schlechte Organisation, rabenschwarzer Tag usw.).

Entscheidend für die Lernerfahrungen beim *Lernen durch Konsequenzen* ist, dass die Person die Folgen ihres Handelns auch für sich als entsprechend angenehm bzw. unangenehm erlebt. Also: Der Tadel eines Freundes wird nur dann lernpsychologische Auswirkungen auf das eigene Verhalten nach sich ziehen, wenn der Freund (und damit eben auch dessen Tadel) für die Person von entsprechender Bedeutung ist. Nimmt bspw. ein Athlet seinen Trainer überhaupt nicht ernst, wird es für diesen nur sehr schwer möglich sein, über Lob und Tadel das Verhalten seines Schützlings beeinflussen zu können.

Aus pädagogisch-psychologischer Sicht ist die Belohnung erwünschten Verhaltens stets der Bestrafung unerwünschten Verhaltens vorzuziehen: Bestrafung führt nämlich vielfach nur zu einer *Unterdrückung* des unerwünschten Verhaltens, weil man auf diese Weise der erwarteten Strafe entgeht, sie führt aber häufig eben nicht zu einer tatsächlichen (und durch die Bestrafung ja intendierten) *Verhaltensänderung*.

Ein typisches Beispiel aus der pubertären Entwicklung eines Jugendlichen zeigt sich bei dessen Bestrafung durch die Eltern, wenn dieser zu spät von einer Feier nach Hause kommt. Häufig wird der Jugendliche dann zwar aus Furcht vor der Strafe pünktlich zu Hause erscheinen – sind aber die Eltern bspw. einmal im Urlaub (und können insofern den Jugendlichen in seinem Verhalten nicht kontrollieren und ihn auch nicht bestrafen), wird dieser Jugendliche mit hoher Wahrscheinlichkeit wieder viel zu spät von den Feiern nach Hause kommen – die Furcht vor der Strafe bleibt aus, das Verhalten muss nicht unterdrückt werden, es hat insofern keine echte Verhaltensänderung stattgefunden.

Psychologisch noch problematischer ist die Ausgangslage, wenn über den Weg der Bestrafung ein Verhalten verändert werden soll, was nur bedingt unter der Kontrolle der eigenen Person liegt. So kann man etwa einen Athleten im Sinne der Sensibilisierung und auch der Disziplinierung durchaus dafür bestrafen, wenn er beim Training seinen Schläger schmeißt (bspw. ein Euro für die Trainingskasse). Es handelt sich hierbei um ein eindeutig unerwünschtes Verhalten, und der Athlet kann und muss lernen, dieses Verhalten unter Kontrolle zu bekommen. Bestraft man aber einen Athleten bspw. mit Missachtung und Tadel dafür, dass er ein Spiel verloren hat, von dem man als Trainer oder Elternteil der Meinung ist, es hätte spielerisch gewonnen werden müssen, stellt sich die Situation selbstverständlich ganz anders dar – Sieg oder Niederlage liegen keineswegs nur unter der eigenen Kontrolle des Athleten, eine nachfolgende Bestrafung kann sich insofern ins komplette Gegenteil verkehren: Furcht vor Bestrafung für zukünftige

Situationen wird aufgebaut, die zu einer erheblichen Leistungsminderung führen können. Zudem wird, wie ja bereits ausgeführt, in diesem Fall ein falscher Bewertungsmaßstab zugrunde gelegt, denn nicht der Sieg oder die Niederlage, sondern vielmehr das Bemühen um eine gute Leistung sollte als Kriterium herangezogen werden.

Insofern müssen disziplinarische Formen der Bestrafung stets gut überlegt sein. Am Beispiel der Sanktion in Folge des „Schlägerschmeißens" sei ein weiterer wichtiger Punkt verdeutlicht: Eine solche Maßnahme, die im Übrigen ja häufig praktiziert wird, kann aus lernpsychologischer Sicht durchaus vernünftig sein. Wie aber bereits in den vorangegangenen Kapiteln dargestellt, haben gravierendere Formen aggressiven Verhaltens psychologische Ursachen – diese Ursachen beseitigt man selbstverständlich nicht über die Bestrafung des Symptoms. Also: Trainer, Eltern und Betreuer dürfen sich durch solche Verhaltensmaßnahmen keineswegs entlastet fühlen, sich mit den eigentlichen Ursachen eines auffälligen Verhaltens auf dem Tennisplatz zu beschäftigen. Wie in der Medizin auch, ist eine ausschließliche *Symptombehandlung*, welche die *Ursachen der Symptomatik* ausblendet, langfristig sicherlich nicht erfolgversprechend.

Die Verdeutlichung der erheblichen Wirkungen des Lernens durch Konsequenzen ist deshalb so wichtig, weil gerade im Bereich des Leistungssports positive und negative Konsequenzen vielfach zur Verhaltensbeeinflussung eingesetzt werden. Der gezielte Einsatz von solchen Konsequenzen setzt aber eben voraus, dass wir uns deren Wirkungen und Nebenwirkungen auch bewusst sind. Erschwerend kommt hinzu, dass es ja eben nicht nur die gezielte Verhaltensbeeinflussung durch belohnende oder bestrafende Konsequenzen gibt, vielfach werden ja, um vor allem im negativen Bild zu bleiben, vom Athleten Handlungen aus dem Umfeld als bestrafend erlebt, obwohl sie gar nicht so beabsichtigt sind.

Hinterfragen wir uns diesbezüglich einmal als Berater, Trainer, Eltern selbstkritisch: Wie ist unser Verhalten nach einem guten und nach einem schlechten Turnierverlauf? Kann unsere Mimik und Gestik während eines Turniermatches nicht manchmal auch ungewollt bestrafend auf den Athleten wirken? Gibt es nicht eine Reihe von unreflektierten Kommentaren gegenüber dem Athleten, die von ihm als Bestrafung aufgefasst werden könnten?

Nur über eine solche selbstkritische Analyse können wir lernen, das eigene Verhalten gegenüber dem Athleten besser zu kontrollieren, so dass unbeabsichtigte Effekte weitgehend vermieden werden können. Ein wichtiges, im Prinzip sehr einfaches und doch viel zu selten genutztes Instrument ist dabei die *direkte Kommunikation* zwischen dem Athleten einerseits, und Berater, Trainer und Eltern andererseits über diese Thematik – nur in einer auf gegenseitigem Vertrauen basierenden Zusammenarbeit wird es möglich sein, solche Effekte und mögliche Fehlentwicklungen direkt anzusprechen und zu korrigieren. Nicht umsonst stellt von daher der Faktor des *Vertrauens* ein grundlegendes Fundament für den Erfolg in der Zusammenarbeit mit einem Athleten dar.

Insgesamt dürfte aus den Ausführungen zu erkennen sein, dass in vielen Fällen das Streben nach Einsicht den erfolgversprechendsten Weg darstellt: *Lernen durch Einsicht* setzt in der Beratung den Dialog über erwünschte oder eben nicht erwünschte Verhaltensmuster voraus: Der Athlet soll erkennen, weshalb ein Verhalten zielführend oder eben nicht zielführend ist, diese Erkenntnis hat dann vielfach nachhaltigere Effekte im Sinne der Verhaltensänderung zur Folge. Eine auf diese Weise angeregte Neubewertung des eigenen Handelns kann durchaus auch vom Athleten selber ausgehen (etwa aufgrund einer entsprechend negativen Erfahrung), sie setzt aber stets die prinzipielle Bereitschaft voraus, sich kritisch mit sich selber auseinanderzusetzen. Die Förderung einsichtigen Lernens kann dabei auch mit den beiden anderen Lernformen (Lernen durch Konsequenzen und Lernen am Modell) kombiniert werden.

Beispiele aus dem Alltag:

- Ein Kind möchte Schokolade essen, die Eltern haben die Kiste mit den Süßigkeiten aber auf ein Regal gestellt, sodass das Kind sie nicht erreichen kann. Das Kind hat dann den Einfall, dass ein Stuhl ihm helfen könnte. Es nimmt sich also einen Stuhl, klettert hinauf und kommt so an die Kiste mit der Schokolade.
- Das Lösen eines Rätsels funktioniert häufig ebenfalls nur durch eine spontane Eingebung. Ein Beispiel ist das Rätsel des Bauern, der mit einem Wolf, einem Schaf und einem Kohlkopf einen Fluss überqueren muss, dabei in seinem Boot aber immer nur eines der drei Objekte

mitnehmen kann. Dabei kann er weder das Schaf mit dem Kohl allein lassen, da es den Kohl fressen würde, noch das Schaf mit dem Wolf alleine lassen, da dieser das Schaf fressen würde.

Beispiellösung:
1. Bauer rudert mit Schaf über den Fluss (Ufer A: Wolf, Kohl; Ufer B: leer)
2. Bauer rudert alleine zurück (Ufer A: Wolf, Kohl; Ufer B: Schaf)
3. Bauer rudert mit Kohlkopf über den Fluss (Ufer A: Wolf; Ufer B: Schaf)
4. Bauer rudert mit Schaf zurück (Ufer A: Wolf; Ufer B: Kohl)
5. Bauer setzt Schaf ab und rudert mit Wolf über den Fluss (Ufer A: Schaf; Ufer B: Kohl)
6. Bauer rudert alleine zurück (Ufer A: Schaf; Ufer B: Kohl, Wolf)
7. Bauer rudert mit Schaf über den Fluss (Ufer A: leer; Ufer B: Kohl, Wolf)]

Die Einsicht besteht hierbei darin, auf den Gedanken zu kommen, dass es möglich ist, das Schaf auch mehrmals im Boot mitzunehmen, um so zu vermeiden, dass es entweder den Kohl frisst oder aber vom Wolf gefressen wird.

> Ein Tennisspieler spielt gegen einen ihm bislang unbekannten Gegner. Er versucht, diesen durch das konsequente Anspielen der (bei vielen Gegnern schwächeren) Rückhand unter Druck zu setzen, der Gegner ist jedoch auf dieser Seite ungewöhnlich stark. Der Spieler erkennt nach einem deutlichen Rückstand im ersten Satz, dass er auf diese Weise nicht erfolgreich sein kann und verändert daraufhin seine Taktik.

Eine weitere wichtige Form des Verhaltenserwerbs und der Verhaltensänderung stellt das *Lernen am Modell* dar, das Bezug nimmt auf die dargestellten Grundprinzipien des Lernens durch Konsequenzen. Selbstverständlich (und glücklicherweise) muss der Mensch nicht jede Konsequenz selbst erleben, um dadurch zu lernen. Einen ganz erheblichen Verhaltensanteil verdanken wir dem Lernen am Modell.

Entscheidendes Lernprinzip beim Lernen am Modell: Wir lernen durch die Beobachtung des Verhaltens eines Modells, vor allem lernen wir durch die Beobachtung der Konsequenzen, die auf dieses Modellverhalten folgen. Analog zum Lernen durch Konsequenzen gilt dabei:

Beobachtete Verhaltensweisen, die positive Konsequenzen für das Modell nach sich ziehen, werden in Zukunft mit höherer Wahrscheinlichkeit als zuvor bei der beobachtenden Person auftreten. Positive Konsequenzen können wiederum materieller (Geld, Spielzeug) oder immaterielle Art (Lob, Anerkennung) sein. Entscheidend ist, dass die Konsequenzen vom Beobachter als angenehm erlebt werden.

Beobachtete Verhaltensweisen, die negative Konsequenzen für das Modell nach sich ziehen, werden in Zukunft mit geringerer Wahrscheinlichkeit als zuvor bei der beobachtenden Person auftreten. Negative Konsequenzen sind materieller (Entzug von Geld, Spielzeug) oder immaterieller Art (Tadel, Nichtbeachtung), die vom Beobachter als unangenehm erlebt werden.

Beispiele aus dem Alltag:

- Ein Kind beobachtet, wie sein Bruder auf die heiße Herdplatte fasst und sich dabei sehr weh tut. Die Beobachtung dieses Verhaltens und vor allem der damit verbundenen negativen Konsequenzen für den Bruder werden die Wahrscheinlichkeit vermindern, dass das Kind selber dieses Verhalten in Zukunft zeigen, also selber auf die heiße Herdplatte fassen wird.
- Ein Mitarbeiter beobachtet, aufgrund welcher Verhaltensweisen sich ein Kollege die Gunst seines Vorgesetzten „verdient". Durch die Beobachtung dieser Verhaltensweisen, verbunden mit den als angenehm antizipierten Konsequenzen, wird die Wahrscheinlichkeit erhöht, dass auch dieser Mitarbeiter sich künftig solcher Verhaltensstrategien bedienen wird.
- Kommt ein Athlet neu in einen Verein, ist er sich oftmals unsicher, welche Regeln und Gebräuche in dem Verein informell gelten, welche Verhaltensweisen also als positiv oder negativ eingeschätzt werden. Durch die gezielte Beobachtung der anderen Athleten im Umgang miteinander lernt er dies sehr schnell. In der Folge übernimmt der Athlet solche Verhaltensmuster, bei denen er mit positiven Konsequenzen rechnen kann, während er sich bemüht, Verhaltensmuster mit zu erwartenden negativen Konsequenzen zu vermeiden.

Konkretisiert auf die spezifische Situation im Tennis, stellen wir sehr schnell fest, dass auch in diesem Bereich die Athleten vielfach über die Beobachtung von Modellen und den resultierenden Verhaltenskonsequenzen lernen:

- Ein Athlet beobachtet, wie ein Mannschaftskamerad seine Ernährung komplett umstellt und in der Folgezeit positive Turnierergebnisse erzielt. Der Athlet übernimmt diese Verhaltensänderung für sich selber, da er einen Zusammenhang zwischen der Ernährungsumstellung und den besseren Leistungen beim Mannschaftskameraden vermutet – er erhofft sich also analoge positive Auswirkungen.
- Das über einen längeren Zeitraum andauernde undisziplinierte Verhalten eines Athleten im Training führt zu dessen Ausschluss aus dem Leistungskader. Die Beobachtung dieses Verhaltens und dessen Konsequenzen haben bei den anderen Athleten im Leistungskader eine deutliche Disziplinsteigerung zur Folge, weil sie derartige negative Konsequenzen für sich vermeiden wollen.

Beispiele positiver Modelle (im Sinne von entsprechenden Vorbildern für den Athleten) können auch im Bereich des Leistungssports sehr zielführend eingesetzt werden. Es gibt viele erfolgreiche Athleten, die sich in hervorgehobener Weise durch positive Eigenschaften wie Ehrgeiz, Disziplin, Fairness usw. auszeichnen. Über diese Modelle können ebensolche Komponenten im Profil des Athleten gefördert werden. Die Modelle müssen dabei nicht zwangsläufig Tennisidole aus dem Top-Leistungsbereich sein, als Modelle können auch der eigene Trainer, der erfolgreich spielende Bruder oder eben ein Mannschaftskollege wirken.

Gerade über das Lernen am Modell besteht von daher eine sehr gute Möglichkeit, in der Zusammenarbeit mit einem Athleten wichtige erwünschte Verhaltensmuster zu etablieren – und hierbei ist das eigene Vorleben dieser Verhaltensmuster seitens des betreuenden Umfeldes selbstverständlich der glaubwürdigste Weg, um als positives Modell Einfluss auf den Athleten nehmen zu können.

Dies bedeutet im Umkehrschluss, dass wir (analog zum Lernen durch Konsequenzen) stets auch etwaige unbeabsichtigte Lerneffekte berücksichtigen müssen: Inwieweit fördern Berater, Trainer, Eltern und Mannschaftskollegen als Modelle selber unerwünschte Verhaltensmuster beim Athleten? Von daher kann ein Trainer, der regelmäßig zu spät zum Training erscheint, nicht glaubwürdig hohe Disziplin von seinen Schützlingen erwarten. Auch ist stets zu beachten, welche Konsequenzen sich durch die Sanktionierung (oder auch Nichtsanktionierung) einzelner Verhaltensmuster eines Athleten für die anderen Athleten in einem Team ergeben. Betrachten wir etwa einen Athleten, der im Wettkampf auf dem Platz sehr unsportlich agiert, damit seine Konkurrenz regelmäßig aus dem Konzept bringt und auf diese Weise von seinen Ergebnissen her durchaus erfolgreich ist. Sowohl für ihn selber, aber eben auch als Modell für weitere Athleten darf mit Rücksicht auf den kurzfristigen Erfolg ein solches Verhaltensmuster akzeptiert werden.

Schließlich besteht beim Lernen am Modell immer auch die Gefahr, dass durch die Auswahl „falscher" Modelle unerwünschte Verhaltenseffekte gefördert werden. So finden bspw. gerade jüngere Athleten nicht selten sehr undiszipliniertes Auftreten mancher Top-Spieler „cool" und meinen, diese Verhaltensweisen für sich übernehmen zu müssen (John McEnroe war in diesem Sinne prädestiniert und hat sein Image als ‚bad boy' entsprechend gepflegt). Solchen Tendenzen sollte konsequent von Seiten des betreuenden Umfeldes entgegengetreten werden. Sinnvoll sind etwa die mit den Athleten gemeinsam erarbeiteten Verhaltensregeln, die dann für alle Seiten Verbindlichkeit haben; diese sollten auch klären, welche Folgen mit der Nichteinhaltung dieser Regeln verbunden sind.

Zusammenfassend lässt sich für die beschriebenen Formen des Lernens festhalten:

- Sie beeinflussen in erheblichem Maße das Verhalten des Athleten im Sinne einer Lerngeschichte als Tennisspieler.
- Der Athlet selber und sein betreuendes Umfeld können durch eine kritische Auseinandersetzung mit dieser Lerngeschichte Ansatzpunkte zur Veränderung des Verhaltens im Sinne einer positiven Weiterentwicklung identifizieren und sich hierfür die Prinzipien dieser Lernformen zu Nutze machen.
- Hierbei ist als zentrales Kriterium stets im Auge zu behalten, welche Lernerfahrungen dem Athleten wirklich nutzen und welche ihm zwar scheinbar kurzfristig, faktisch aber langfristig eher schaden.
- Da Lernprozesse vielfach automatisiert ablaufen, ist das Umfeld eines Athleten immer wieder aufs Neue aufgefordert, sich die vielfach

unbeabsichtigte Einflussnahme auf das Verhalten eines Athleten bewusst zu machen mit dem Ziel, etwaige negative Effekte möglichst zu vermeiden. Zielführend ist insofern die regelmäßige offene Kommunikation zwischen Athlet und Umfeld auf der Basis eines von Vertrauen geprägten Miteinanders.
- Jegliches Verhalten, das gelernt wurde, kann auch wieder verlernt werden – von daher sollten alle Seiten sich darüber im Klaren sein, dass ein Athlet keineswegs der „Sklave" seiner Lernvergangenheit ist. Vielmehr besteht die Chance, durch systematische Arbeit positive Verhaltensmuster über diese Lernformen weiterhin zu optimieren sowie negative Verhaltensmuster schrittweise zu reduzieren und durch den Aufbau positiven Alternativverhaltens zu korrigieren.

> **ÜBUNG: STETES WIEDERHOLEN**
> - Wie oben beschrieben wird jegliches Verhalten verlernt, wenn es eine Zeit lang nicht mehr aktiviert wird.
> - Wiederholen Sie deswegen in regelmäßigen Abständen die in diesem Buch vermittelten Übungen und Techniken zur Steigerung Ihrer mentalen Stärke – auch dann, wenn Sie der Ansicht sind, einen Aspekt bereits deutlich verbessert zu haben. Es besteht stets die Möglichkeit, eigene Schwächen noch mehr abzubauen und eigene Stärken noch weiter zu verbessern.

Auseinandersetzung mit der Matchsituation: „Wendung des Spielgeschehens"

Generell gilt: Die wesentliche mentale Arbeit setzt an der grundsätzlichen psychischen Stärke des Spielers an, also an dessen Erleben von Herausforderung oder Bedrohung in der konkreten Leistungssituation. Vor diesem Hintergrund folgen nun einige Hilfestellungen für den Umgang mit der geschilderten Situation. Machen Sie sich die beschriebenen psychologischen Vorgänge bewusst – dies ist der Beginn für die Veränderung!

→ Setzen Sie etwaigen negativen Gedanken positive Gedanken bewusst entgegen!

Versuchen Sie nicht, sich gegen aufkommende negative Gedanken zu wehren oder diese zu verdrängen. Entscheidend ist, dass Sie sofort positive Gedanken dagegen setzen, bspw. „Ich spiele ruhig Punkt für Punkt" oder „Ich werde positiv jeden Ballwechsel spielen".

→ Vermeiden Sie jegliche Hektik, lassen Sie sich Zeit zwischen den Ballwechseln und achten Sie darauf, sich gut zu bewegen!

Auf diese Weise können Sie typischen Erscheinungsformen aufkommender körperlicher Verkrampfung effektiv entgegen wirken.

→ Führen Sie sich vor Augen, dass Ihr Gegner vor der gleichen Situation steht wie Sie selber!

Dies ist ein Umstand, den wir in unserer „kleinen Gedankenwelt" häufig völlig aus den Augen verlieren, der aber sehr wichtig ist – nicht nur für Sie ist es eine schwierige Situation, sondern eben auch für Ihren Gegner. Gehen Sie davon aus, dass Sie mit dieser Situation mindestens genauso gut klar kommen wie Ihr Gegner.

→ Egal, ob Sie den Matchverlauf in die gewünschte positive Richtung lenken oder aber das Match vorübergehend zu „kippen" droht – trauern Sie nie verlorenen Chancen hinterher, sondern gehen Sie positiv und kämpferisch in die nächsten Spiele!

6. Abergläubisches Verhalten

Ein uns allen bekanntes und mehr oder minder auch vertrautes Phänomen ist das sogenannte abergläubische Verhalten, wobei der Begriff „Aberglaube" bereits auf den Kern des Phänomens verweist – den Glauben an etwas Irreales: „[…]der Glaube an Kräfte, Zusammenhänge, Übernatürliches, das den wissenschaftlichen Erkenntnissen wie auch den religiösen Anschauungen nicht entspricht. [Er] äußert sich in Einstellungen und Handlungen, meist verbunden mit der Vorstellung, damit ein Unheil abgewehrt oder das Heil herbeiholen zu können" (Dorsch, 2014, S. 88).

Eine Vielzahl von Beispielen abergläubischen Verhaltens ist uns aus dem Sport bekannt, besonders berühmt geworden ist in dieser Hinsicht sicherlich Michael Schumacher, der stets von der linken Seite in seinen Rennwagen gestiegen ist. Im Folgenden sind einige weitere Beispiele angeführt.

„DFB-Torwart Manuel Neuer berührt vor jeder Halbzeit Pfosten und Latte des eigenen Gehäuses."
(Honekamp, 2014, o.S.)

„Bekanntlich setzen viele Sportler auf Glücksbringer oder hängen irgendeiner anderen Form des Aberglaubens an. Golfprofi Tiger Woods etwa trägt am letzten Turniertag immer ein rotes Hemd, Basketball-Star Michael Jordan wollte niemals auf seine Shorts von der North Carolina University unter dem eigentlichen Trikot verzichten."
(Schulte von Drach, 2010, o.S.)

„Ich drehe an meinem Ring, ich klopfe mich ab."
(Britta Steffen, zit. n. Großekathöfer & Hacke, 2009, o.S.)

Aber auch im Tennis finden sich Phänomene abergläubischen Verhaltens: So rasieren sich manche Top-Profis grundsätzlich erst nach einer Niederlage im Turnier, andere gehen während eines Turniers jeden Tag in dasselbe Restaurant und bestellen stets das gleiche Gericht, weitere Athleten zeichnen sich dadurch aus, dass sie nur in einer bestimmten Reihenfolge die verfügbaren Bälle auf dem Platz nutzen, wieder andere benutzen ihr Handtuch stets in einer ganz spezifischen Weise auf der Bank. Es ließen sich noch zahlreiche weitere Beispiele zum Aberglauben finden, einige der besonders bekannt gewordenen aus der Tennisszene sind diese:

Das sagen die Profis

"Wenn die Flaschen parallel neben mir stehen, dann gibt mir diese Form Sicherheit. Vor allem, wenn ich im Match einmal unsicher bin, erscheinen sie mir wie eine Burg."

(Andrea Petkovic, zit. n. Klemm, 2013, o.S.)

"Auch wir sind vor einer Partie etwas nervös und jeder hat seine eigenen Rituale und Strategien, sich auf das anstehende Match einzustimmen. Ich esse vor einem Match fast immer Nudeln, allerdings ohne Sauce, um das Risiko von Magenproblemen zu verringern. Mir geht es dabei nur um die Energiezufuhr. Meist esse ich 90 Minuten vor Beginn meines Matches."

(Philipp Kohlschreiber, 2010, o.S.)

Aus sportpsychologischer Sicht interessant ist selbstverständlich: Wie lässt sich ein solches Verhalten erklären? Und vor allem: Welche Funktion hat dieses, für einen Außenstehenden schon recht eigenartig anmutende Verhalten für den Athleten selber?

Zunächst einmal weist das abergläubische Verhalten auf einen ganz wichtigen Aspekt menschlichen Verhaltens hin – nämlich auf die Tatsache, dass unser Verstand das Verhalten nur eingeschränkt kontrolliert. Denn natürlich würde kein Athlet der Welt ernsthaft die Meinung vertreten, dass das Nicht-Rasieren während eines Turniers die Wahrscheinlichkeit eines Sieges fördert, natürlich würde auch kein Athlet ernsthaft die Meinung vertreten, dass es für den nächsten Ballwechsel tatsächlich einen Unterschied macht, ob ich den Ball zum nächsten Aufschlag benutze, mit dem ich gerade ein As geschlagen habe – und dennoch wird in solchen Fällen gegen den Verstand entschieden, das Verhalten wird geleitet von einer eher diffusen Überzeugung, damit einen positiven Effekt für die eigene Leistung erzielen zu können.

Erklärt werden können solche Phänomene psychologisch auf zwei Ebenen:

Zum einen spielen an dieser Stelle die persönlichen *Lernerfahrungen* eine erhebliche Rolle. Viele Athleten berichten im Zuge der sportpsychologischen Beratung von einem Schlüsselerlebnis, bei dem sie mit einer solchen „Strategie" erfolgreich gewesen sind; entsprechend dem Lernen durch positive Konsequenzen wird dieses Verhalten dann auch in Zukunft gezeigt. Zwei Ereignisse (bspw. Turniererfolg und Nicht-Rasieren während dieses Turniers) treten in einem zeitlichen Zusammenhang auf und werden als zusammengehörig erlebt, obwohl faktisch kein inhaltlicher, sondern eben nur ein zeitlicher Zusammenhang vorliegt.

- Ein vergleichbares Beispiel aus dem Alltag wäre: Immer dann, wenn Hans seine Lieblingshose anzieht, schreibt er eine gute Klassenarbeit. Natürlich besteht zwischen dem Anziehen einer bestimmten Hose und dem Erbringen einer guten Schulleistung kein inhaltlicher Zusammenhang. Gab es aber in der Vergangenheit einmal einen zeitlichen Zusammenhang, so kann es passieren, dass beide Komponenten als zusammengehörig erlebt werden und dieses Erleben künftiges Verhalten lernpsychologisch beeinflusst.

Auf der anderen Seite dienen solche Handlungsmuster dem *Stressabbau in der Leistungssituation*. Denn so irrational sie auch von außen betrachtet erscheinen, sie geben dem Athleten eine bestimmte Struktur, ein Schema für sein Verhalten, über das er nicht weiter nachdenken muss und das ihm insofern Sicherheit bietet. Genau dieses Gefühl von Sicherheit ist in stressreichen Situationen besonders wichtig und ermöglicht dem Athleten, die subjektive Kontrolle über die Situation zu behalten. Wie bereits erläutert, ist diese Kontrolle ein grundlegendes Bedürfnis des Menschen. Deren Befriedigung fördert die Wahrscheinlichkeit, eine stressreiche Situation erfolgreich bewältigen zu können.

Insofern sind die soeben beschriebenen kleineren „Spleens" von Athleten zunächst einmal sicherlich auch nicht schädlich oder gar leistungshemmend, sie sind von daher auch nicht veränderungsbedürftig.

Problematisch wird es allerdings dann, wenn solche abergläubischen Verhaltensmuster sich auf weite Handlungskontexte des Athleten ausdehnen und von daher zu einer Form zwanghaften Verhaltens werden. Ist dies der Fall, kehren sich die beschriebenen positiven Effekte des Stressabbaus (ritualisiertes Verhalten) nämlich ins Gegenteil um, vielmehr wird dann zusätzlicher Stress bei dem Athleten aufgebaut. Insofern ist es durchaus ratsam, sich solche Eigenarten zu vergegenwärtigen und ihnen mit einer gewissen Form der distanzierten Lockerheit zu begegnen. Immer dann, wenn diese in Form von „Ticks" jedoch das Verhalten des Athleten massiv zu beherrschen drohen, ist es dringend angeraten, gezielt dagegen vorzugehen.

Konkret bedeutet dies: Wenn der Athlet selbstkritisch reflektiert, dass seine „Ticks" für ihn nicht mehr kleine (wenn auch vielleicht etwas verrückte)

Hilfsmittel zum Stressabbau sind, sondern vielmehr für ihn zu einer zwanghaften Belastung werden, muss er (ggf. mit externer Unterstützung) durch Erfahrung lernen, dass der zeitliche Zusammenhang zwischen zwei Ereignissen noch lange keinen inhaltlichen Zusammenhang impliziert.

Der Athlet muss sich bspw. bewusst dazu zwingen, sich in gewohnter Weise auch auf dem Turnier zu rasieren, um auf diese Weise die Erfahrung zu machen, dass die Rasur in keinem Zusammenhang zur Turnierleistung steht. Psychologisch besteht nämlich noch einmal ein ganz erheblicher Unterschied zwischen dem, was gedanklich klar ist, und der Umsetzung dessen in das konkrete Verhalten. Hierdurch wird zwar kurzfristig zusätzlicher Stress aufgebaut, was aber langfristig zur Stressverminderung führt, wenn die Belastung durch das Befolgen „zwanghafter" Verhaltensmuster entfällt.

ÜBUNG: DIE EIGENEN RITUALE ERKENNEN

- Gibt es Verhaltensmuster, die Sie vor jedem Training oder Match praktizieren, die aber eigentlich gar nichts mit dem Tennisspiel an sich zu tun haben?
- Wie sehen diese Rituale genau aus?
- Was würden Sie sagen: Tun diese Rituale Ihrer sportlichen Leistung gut? Oder gibt es Situationen, in denen eher der gegenteilige Effekt eintritt?
- Was passiert, wenn Sie die Rituale nicht genau einhalten können?
- Führen Sie für einen bestimmten Zeitraum (etwa einen Monat) einmal ein Tagebuch hierzu. Dieses hilft, sich gerade der Rituale bewusst zu werden, die oftmals unbemerkt und weitgehend unreflektiert ablaufen (aber nicht immer positiv sein müssen).

7. Effektives Training

Die Analyse von Stärken und Schwächen eines Athleten setzt in der Regel an der Umsetzung spielerischer, taktischer und mentaler Möglichkeiten in der Matchsituation an. Die immer komplexer werdenden Matchstatistiken aus den Übertragungen großer Tennisturniere zu den individuellen Stärken und Schwächen sind uns diesbezüglich bekannt: Anzahl erzwungener und unerzwungener Fehler, Anzahl direkter Punkte, Aufschlagquote, Verhältnis von Gewinn- und Verlustschlägen beim Volley usw.

Es gilt dann, aus einer entsprechenden Matchanalyse die richtigen Konsequenzen für den weiteren Trainingsverlauf zu bestimmen, um diesen möglichst effektiv zu gestalten. Hierbei sind gerade aus sportpsychologischer Sicht einige zentrale Aspekte zu berücksichtigen, die leider oftmals zu wenig Beachtung finden. Diese sollen im Folgenden angesprochen werden.

→ *Die Matchanalyse ist eine entscheidende Informationsquelle!*

Im Bereich des professionellen Tennissports dann selbstverständlich, wenn ein Athlet von einem Coach begleitet wird, ansonsten aber zu wenig genutzt, ist die Matchanalyse. Sie deckt schonungslos typische Stärken und Schwachpunkte eines Athleten auf – vor allem dann, wenn sie regelmäßig eingesetzt wird. Diese Informationsquelle sollte von daher von jedem Athleten genutzt werden, wobei es oftmals auch ausreichend ist, einen nicht-professionellen Begleiter mit der Beobachtung zu betrauen; dieser kann dann nach vorgegeben objektivierbaren Kriterien eine Matchanalyse vornehmen. Denn logischerweise stellt die subjektive Rekapitulierung eines Matches durch den Athleten selber eine verzerrte Wahrnehmung der Realität dar, weshalb es sinnvoll ist, diese zumindest in regelmäßigen zeitlichen Abständen durch eine Außensicht zu komplettieren. Insofern stellt die Beobachtung des Athleten im Match für den Coach eine unverzichtbare Informationsquelle dar.

> **ÜBUNG: MATCHANALYSE IN DER SELBST- UND FREMDEINSCHÄTZUNG**
>
> - Die nachfolgenden Fragen sollten Trainer und Athlet zunächst unabhängig voneinander beantworten. Hieraus resultierende Übereinstimmungen und Diskrepanzen liefern dann die Grundlage für die weitere Auseinandersetzung mit den Stärken und Schwächen des Athleten. Die kontinuierliche Protokollierung gibt dem Athleten zudem eine wichtige Rückmeldung zu seiner Entwicklung. Als zusätzliche Hilfe können regelmäßige Videoaufnahmen vom Training oder Matchverlauf sehr hilfreich sein.
> - Athleteneinschätzung
>   - „Welche Stärke zieht sich durchgängig durch mein Spiel?"
>   - „Welche Schwäche zieht sich durchgängig durch mein Spiel?"
>   - „In welchen Situationen war ich besonders zufrieden mit mir?" „Warum?/Wie bin ich damit umgegangen?"
>   - „In welchen Situationen war ich besonders unzufrieden mit mir? Warum?/Wie bin ich damit umgegangen?
> - Trainereinschätzung
>   - „Welche Stärke zieht sich durchgängig durch das Spiel meines Athleten?"
>   - „Welche Schwäche zieht sich durchgängig durch das Spiel meines Athleten?"
>   - „In welchen Situationen war ich besonders zufrieden mit meinem Athleten?
>   - Warum?/Welche Konsequenzen habe ich daraus gezogen?"
>   - „In welchen Situationen war ich besonders unzufrieden mit meinem Athleten?
>   - Warum?/ Welche Konsequenzen habe ich daraus gezogen?"

→ *Effektiv trainieren heißt: Stärken und Schwächen zu optimieren!*

Ein häufiger Fehler, der sich als Resultat typischer und immer wiederkehrender Schwachpunkte im Match ergibt, ist die einseitige Konzentration auf die bestehenden Schwächen eines Athleten. Diese Sichtweise verkennt nämlich, dass ein Match in erheblich höherem Maße durch die Stärken des eigenen Spiels entschieden wird, weniger durch die Reduktion der vorhandenen Schwächen.

Wenngleich die zweite Komponente ohne Frage sinnvoll und notwendig ist, müssen im Training jedoch in ebenso hohem Ausmaß auch die Stärken eines Athleten optimiert werden. Dies ist auch insofern wichtig, als dass der Athlet gerade über seine Stärken das erforderliche Selbstvertrauen gewinnt und erhält (und insofern auch motivierter ist, sich neben der Arbeit an den Stärken sehr diszipliniert der Verbesserung seiner Schwächen zu widmen).

→ *Training ist nicht gleich Training – die Effektivität ist entscheidend!*
Egal, ob Matchtraining, einzelne spielerische Übungen, Konditions- oder Krafttraining auf der Tagesordnung stehen, es gilt immer wieder, einen möglichst hohen Effekt aus dem Training zu erzielen. Denn Training ist sicherlich nicht gleich Training, diese Einsicht kennt jeder Athlet aus eigener Erfahrung. Es kommt nicht in erster Linie darauf an, wie häufig und wie lange wir auf dem Platz stehen, sondern wie wir diese Zeit nutzen.

Effektiv trainieren bedeutet zunächst einmal, ein auf die jeweiligen konkreten Anforderungen des Athleten abgestimmtes zeitliches und inhaltliches Programm zu absolvieren – welche Stärken und Schwächen hat der Athlet, befindet er sich momentan in einer längeren Trainings- oder aber in einer Wettkampfphase, welche weiteren Belastungen außerhalb des Sports gilt es zu berücksichtigen?

Diese Grundprämissen vorausgesetzt, impliziert effektives Training darüber hinaus, sich stets mit vollem Einsatz zu bemühen, einen möglichst hohen Effekt im Zuge der zu absolvierenden Übungen zu erzielen. Ein solcher Anspruch stellt eine permanente mentale Herausforderung für jeden Athleten dar. So kann er etwa zwei Stunden Schlagtraining absolviert haben, ohne davon wirklich zu profitieren – bedingt durch eine unmotivierte Haltung auf dem Platz. Ähnliches gilt für den Bereich des konditionellen Ausdauertrainings, das erfahrungsgemäß den meisten Athleten keinen Spaß bereitet – eine solche Einheit kann als lästige Pflichtübung abgehandelt werden, sie kann aber auch mit einer positiven, freudigen Grundhaltung absolviert werden, ohne dass sich das Ausdauertraining zur beliebtesten Trainingseinheit entwickeln muss. Ein weiteres Beispiel, häufig am Ende einer Trainingseinheit, ist die Arbeit am eigenen Aufschlag; auch an dieser Stelle spielt die Einstellung zu der Übung eine wichtige Rolle für deren Effektivität.

Also: Vor jeder Trainingseinheit sollte sich ein Athlet immer wieder aufs Neue das Ziel vor Augen führen, aus dieser Einheit für sich den möglichst größten Nutzen zu erzielen. Hilfreich in diesem Zusammenhang ist es, wenn wir uns stets vor Augen führen, dass jede erfolgreich absolvierte Einheit ein kleiner Schritt zur Verbesserung des persönlichen Spielvermögens darstellt. Mit einem solchen Bewusstsein lässt sich eine Trainingseinheit positiver und mit Freude gestalten. Sobald wir also merken, dass sich die eigene

Einstellung in eine negative Richtung verändert, sind wir gefordert, uns selber zu disziplinieren – hierbei sollten wir keine Toleranz gegenüber uns selber dulden. Dies ist zwar bisweilen durchaus ein schwieriger Kampf, er lohnt sich aber im Sinne des langfristigen Erfolgs auf jeden Fall.

Machen wir uns hierzu nur einmal den Effekt nach einer positiven Trainingseinheit klar: Wir sind ausgesprochen zufrieden und gleichzeitig motiviert für die nächsten Einheiten. Umgekehrtes wird geschehen, wenn eine Trainingseinheit in mentaler Hinsicht „aus dem Ruder läuft". Im Sinne des beschriebenen zielführenden Bewertungsmaßstabs sollten wir unsere Zufriedenheit aus dem eigenen Bemühen ziehen, nicht aber aus zählbaren Ergebnissen (Fehlerquote beim Aufschlagt, Ergebnis im Trainingsmatch, gelaufene Zeit im Ausdauertraining usw.) – ansonsten würden wir wiederum die Kontrolle für Zufriedenheit und Erfolg aus der Hand geben. Das Motto sollte also nicht lauten „gute Ergebnisse machen Spaß", „mäßige oder schlechte Ergebnisse machen keinen Spaß (bzw. dürfen keinen Spaß machen)". Sondern vielmehr „das Bemühen um Verbesserung (und damit verbunden um gute Ergebnisse) macht Spaß". Dies fördert die Einsicht, dass in erster Linie die disziplinierte, stete Arbeit an sich selber die wesentliche Grundlage für die positive Weiterentwicklung der Spielerpersönlichkeit und damit auch letztendlich für den weiteren Erfolg darstellt.

> **ÜBUNG: SPIEG'LEIN, SPIEG'LEIN AN DER WAND**
> - Die kritische Auseinandersetzung mit sich selbst ist erfahrungsgemäß eine schwierige Angelegenheit. Aber: Nur wenn Sie aufrichtig sich selbst gegenüber sind, werden Sie den Bedarf an Veränderungen bei sich überhaupt erkennen.
> - Fragen Sie sich vor diesem Hintergrund nach jeder Trainingseinheit:
>   - Wie groß waren Ihre Bemühungen heute auf einer Skala von 1–10?
>   - Fehlende Motivation kommt vor und sollte Sie im Einzelfall nicht zu sehr beunruhigen. Wenn Sie allerdings feststellen, dass Sie sich immer häufiger keine Mühe mehr geben, sollten Sie auf die Suche nach möglichen Gründen hierfür gehen, denn dann besteht Handlungsbedarf.

Das sagen die Profis

„Tennis ist zu 60 Prozent ein mentales Spiel. Oft spielt man am besten, wenn man gar nicht nachdenkt. Wenn man einfach passieren lässt, was in den Trainingsstunden automatisiert wurde. Das fühlt sich an wie Meditation, wie Urlaub von mir selbst, herrlich!"

(Andrea Petkovic, zit. n. Helm, 2015, o.S.)

Effektives Training

→ *Automatisierungsübungen als effektive Trainingsmethode!*

Aus sportpsychologischer Sicht stellen Übungseinheiten, die eine Automatisierung von Schlägen und Bewegungsabläufen in den Mittelpunkt stellen, eine sehr wichtige Maßnahme zur Verbesserung der Leistungsfähigkeit dar.

Hierfür gibt es zwei wesentliche Gründe:

1. Der erste Grund ist ein recht simpler, es ist der Übungseffekt. Viele sehr erfolgreiche Tennisspieler, die aus entsprechenden Tennisschulen kommen, machen es immer wieder vor: Es macht eben einen Unterschied, ob wir einen Bewegungsablauf 500 Mal oder 1000 Mal wiederholen. Es macht ja auch für unsere Sicherheit im Straßenverkehr einen Unterschied, ob wir sehr selten fahren („Sonntagsfahrer") oder permanent lange Strecken – und zwar objektiv wie auch für die subjektiv erlebte Sicherheit. Beide Faktoren sind selbstverständlich nicht unabhängig voneinander und derjenige, der sich in einer Leistungssituation sicher fühlt, wird denn auch tatsächlich sicherer auf dem Platz agieren.
2. Wir wissen aus der psychologischen Forschung, dass unter Stress bevorzugt und automatisiert vom Organismus spezifische, routinisierte und „sichere" Abläufe und Verhaltensmuster abgerufen werden. Der Wettkampf stellt ohnehin für einen Athleten eine stressreiche Situation dar, spezifische Matchsituationen, wie oben beschrieben, können sich darüber hinaus durch ein besonders hohes Stresspotenzial auszeichnen. Zielführend ist insofern, dass ein Athlet über möglichst effektive Abläufe und Verhaltensmuster verfügt, damit diese dann in solchen Situationen auch tatsächlich Anwendung finden. Man kann sich das wie eine Pyramide vorstellen, bei der die Verfügbarkeit einzelner Schläge und Bewegungsabläufe hierarchisch geordnet ist. Ein häufiges Problem besteht ja darin, dass Athleten unter solchen Umständen immer wieder ineffektive Strategien abrufen (bspw. einen Stopp oder auch einen sehr riskanten Gewinnschlag zur Verkürzung des Ballwechsels). Das gezielte Training der Automatisierung stellt demnach eine äußerst sinnvolle, wenn auch mühsame (weil hohe Disziplin erfordernde) Trainingsmethode dar. Deswegen empfiehlt sich auch ein ausführliches Gespräch des Trainers mit dem Athleten, um ihn über den Sinn dieser Trainingsmethode

ausreichend aufzuklären; solche Gespräche sollten grundsätzlich ein wichtiger Bestandteil in der Arbeit zwischen Trainer und Athlet sein.

ÜBUNG: AUTOMATISIERUNG VON SCHLÄGEN
- Legen Sie für 3–5 Schläge, die Sie automatisieren möchten, jeweils eine Farbe/Zahl/o.ä. fest. Es kann sich hierbei um grundsätzlich verschiedene Schlagarten handeln oder auch einfach um verschiedene Anspielpunkte im gegnerischen Feld. - Ihr Trainingspartner/Trainer spielt Ihnen nun immer wieder Bälle zu. - Hierbei ruft er Ihnen jeweils eine der festgelegten Farben/Zahlen/o.ä. zu. - Sie führen dann den entsprechenden Schlag aus. - Die Zuspielgeschwindigkeit kann im Laufe der Zeit erhöht werden, um den Druck eines Matches zu simulieren. - Auf diese Art und Weise haben Sie nur sehr wenig Zeit, den Schlag zu planen und müssen „automatisiert" handeln.

→ *Zentrale Automatisierungsübungen: Aufschlag und Return!*

Besonders effektiv unter dem Gesichtspunkt der Automatisierung eignen sich Aufschlag und Return, weshalb jeder Athlet im Training diesen beiden Schlägen ganz besondere Aufmerksamkeit schenken sollte.

Wie bereits angemerkt, ist der Aufschlag der einzige Schlag im Tennis, der völlig unbeeinflusst vom Gegner durchgeführt wird. Durch den Aufschlag kann der Athlet insofern eine ganz entscheidende Vorteilssituation für den folgenden Ballwechsel erlangen oder sogar zu „freien Punkten" kommen. Jeder erfahrene Trainer und Athlet weiß dabei um die vielfältigen Variationsmöglichkeiten des Aufschlags. Dementsprechend sollte hieran kontinuierlich und diszipliniert gearbeitet werden, die kurzen Aufschlagübungen am Ende einer Trainingseinheit (bedauerlicherweise oftmals genau so praktiziert) reichen dafür nicht aus. Vielmehr sollte sich der Athlet (am besten selbstverständlich unter der korrigierenden Kontrolle des Trainers) in eigenen Trainingseinheiten regelmäßig der Automatisierung seines Aufschlages widmen.

Entsprechendes gilt für den Return: Ein guter Return, der flexibel auf die verschiedenen Aufschlagvariationen reagieren kann, ist eine Voraussetzung für den positiven Verlauf des weiteren Ballwechsels. Ein guter Return kann den Vorteil des aufschlagenden Gegners begrenzen bzw. diesen sogar zum eigenen Vorteil verwandeln. Automatisierungsübungen sollten von daher in ähnlicher Intensität und Disziplin absolviert werden.

> **ÜBUNG: IT'S ALL IN YOUR MIND**
> - Neben dem praktischen Training können Sie die Aufschläge und Returns auch verinnerlichen, indem Sie sich die jeweiligen Schläge immer wieder vorstellen (visualisieren).
> - Wenn Ihnen die Visualisierung schwer fällt, können Sie diese durch das Ansehen von Videos der Schläge unterstützen.
> - Nehmen Sie hierzu beim Training häufiger Ihre Übungsschläge auf Video auf und suchen Sie sich im Anschluss eine Aufnahme eines besonders gut gelungenen Schlags aus.
> - Diese Aufnahme kann nun die Basis für Ihre Visualisierungsübungen bilden. Schauen Sie sich Ihren gelungenen Schlag an und versuchen Sie dabei, sich in die Bewegung hineinzuversetzen.
> - Im nächsten Schritt können Sie auch einmal versuchen, sich den Schlag mit geschlossenen Augen vorzustellen und ggf. sogar die Bewegung dazu auszuführen.

→ *Simulationsübungen als effektive Trainingsmethode!*

Wie die bisherigen Ausführungen ja bereits gezeigt haben, stellt ein Match immer wieder kritische Situationen bereit, an denen Athleten regelmäßig zu scheitern drohen. Um den Umgang mit solchen Situationen zu verbessern, bieten sich sogenannte Simulationsübungen an.

Die grundlegende Idee solcher Simulationsübungen zeigt nachfolgendes Beispiel: Nehmen wir an, einem Athleten gelingt es relativ gut, innerhalb eines Matches zu einem Break zu kommen, sehr häufig gibt er aber diesen Vorteil direkt wieder durch den Verlust des eigenen Aufschlages ab, da er dem mentalen Druck nicht standhalten kann.

Genau diese Situation gilt es nun im Training mit einem anderen Athleten zu simulieren, d.h. die Übung fängt etwa bei 4:2 mit eigenem Aufschlag an. Vorgabe für den Athleten ist nun, sich möglichst gut in die Situation hineinzuversetzen und in der Folge zu versuchen, diese dann positiv zu bewältigen.

Weitere Situationen können u.a. sein:

- Aufschlag des Athleten bei Breakball für den Gegner
- Aufschlagspiele ohne ersten Aufschlag
- 5:4 im dritten Satz
- 3:3 im Tie-Break

Das grundlegende Prinzip ist bei diesen Übungen immer dasselbe: Der Athlet soll sich in der Übung (also im Zuge einer im Vergleich zum Match „geschützten" Leistungsanforderung) mit der kritischen Situation auseinandersetzen und dabei lernen, effektivere Bewältigungsstrategien einzusetzen, als dies (bislang) in der Regel im Match geschieht. Der Trainer hat insofern auch die Möglichkeit, auf typische Schwachpunkte vor dem Hintergrund der mentalen Belastung hinzuweisen. Durch diese Form der (im Match nicht möglichen) unmittelbaren Intervention können solche Schwachpunkte (etwa eine völlige Abkehr von der verabredeten Taktik, unkluge Spielentscheidungen) erkannt und gemeinsam mit dem Athleten schrittweise bewältigt werden. Zudem besteht dabei die Möglichkeit, im Sinne der oben skizzierten Automatisierung Unsicherheiten aufgrund der mentalen Belastung in der Situation schrittweise zu eliminieren.

Vielfach begegnen Athleten Übungen dieser Art zunächst mit erheblicher Skepsis: Eine solche Trainingssituation sei „zu weit weg" von der eigentlichen Wettkampfsituation und könne daher keine bedeutsamen Effekte erzielen. Die sportpsychologische Praxis lehrt uns jedoch das Gegenteil, wobei selbstverständlich die Bereitschaft eines Athleten entscheidend ist, sich hierauf auch tatsächlich einzulassen.

- Nehmen wir ein Beispiel aus einem ganz anderen Bereich, nämlich die regelmäßig durchgeführten Trainingsmaßnahmen für Flugbegleiter, mit denen sie geschult werden, in besonders kritischen Situationen (Schaden am Flugzeug, Notsituation an Bord, Flugzeugentführung usw.) effektiv zu handeln: Sowohl den Trainern als auch den Flugbegleitern ist bei solchen Übungen selbstverständlich klar, dass eine noch so gute Simulation niemals das tatsächliche Stresspotenzial etwa einer real erlebten Flugzeugentführung simulieren kann – aber dies ist auch gar nicht der Sinn der Übung. Der entscheidende Punkt besteht hingegen vielmehr darin, dass die Flugbegleiter in einer solchen „geschützten" Übung (ebenso wie der Athlet im Training) effektive Verhaltensmuster erwerben sollen, die sie dann im Sinne der oben beschriebenen Verhaltenspyramide in der Stresssituation mit höherer Wahrscheinlichkeit automatisierter abrufen werden als ineffektive Strategien.

Gleichermaßen erwirbt also der Athlet über diese Form der Simulation zielführende Muster, die er künftig anstelle der bislang ineffektiven Strategien einsetzen kann.

→ *Stetiges Verbessern der eigenen Möglichkeiten!*

Jede Trainingseinheit sollte von der Grundprämisse geprägt sein, seine eigenen Möglichkeiten kontinuierlich zu verbessern – sei es in technischer, taktischer, konditioneller oder mentaler Hinsicht. Hierzu gehört selbstverständlich auch, dass (in Absprache mit dem Trainer) individuelle Schwachpunkte gezielt in Angriff genommen werden:

- Ein typischer Grundlinienspieler soll in den Ballwechseln verstärkt das Netz suchen, um sich diesbezüglich zu verbessern.
- Ein eher aufschlagschwacher Athlet soll sich vornehmen, mehr Risiko bei seinen ersten und zweiten Aufschlägen einzugehen, um hierbei mehr Sicherheit zu erlangen.
- Ein eher passiv agierender Athlet soll versuchen, mehr Druck auf den Gegner auszuüben, als dies in der Regel von ihm praktiziert wird.

Diese Liste ließe sich beliebig fortsetzen. Der aus sportpsychologischer Sicht entscheidende Aspekt ist nunmehr folgender: Das Einüben solcher eher (noch) unsicheren Schläge und Handlungsmuster hat logischerweise zur Folge, dass in der Wettbewerbssituation (bspw. im Trainingsmatch) oftmals die Wahrscheinlichkeit des eigenen kurzfristigen Misserfolges subjektiv schwerer wiegt als der mittelfristige anvisierte Erfolg.

Also: Wie oben ausgeführt, ist gerade bei mental schwachen Athleten das Streben nach Vermeidung eines Misserfolges besonders stark ausgeprägt. Dieser Umstand hat zur Folge, dass es für solche Athleten oftmals wichtiger erscheint, den Satz im Training (etwa gegen einen vermeintlich schwächeren Spieler) mit „altbewährten" Mitteln zu gewinnen, als sich an die Trainingsvorgabe zu halten und auf diese Weise einen wichtigen Trainingsfortschritt zu erzielen. Wichtig: Hierbei handelt es sich oftmals gar nicht um eine bewusste Entscheidung des Athleten, vielmehr verfällt er bei drohendem Misserfolg automatisiert wieder „in den alten Trott".

Im Sinne einer kontinuierlichen positiven Weiterentwicklung müssen wir uns also darüber klar sein, welcher Zweck mit dem Training verfolgt wird. Mittel- und langfristige Zielsetzungen haben hierbei Vorrang vor den kurzfristigen Zielsetzungen, erforderliche Veränderungen können dabei auch mit Phasen der kurzfristigen Leistungsverminderung einhergehen (weil bspw. die erforderliche Sicherheit noch fehlt). Die Einsicht in diese Erkenntnis ist sehr wichtig und sollte immer wieder auch seitens des Trainers und des betreuenden Umfeldes unterstützt werden, denn Veränderungen sind grundsätzlich mit Unsicherheiten und Zweifeln verbunden. Dass man eine gravierende Umstellung sicherlich nicht kurz vor einer sehr wichtigen Turnierphase einleiten sollte, versteht sich dabei von selbst.

Vergleichen wir eine solche Entwicklung durchaus mit der Renovierung eines bestehenden Hauses, bei der jeder Handwerker angesichts der verzweifelten Gesichter der Hausinhaber zu sagen pflegt: „Es muss erst schlecht und chaotisch aussehen, damit es gut werden kann." Mit diesem Bild der Hausrenovierung lässt sich durchaus ein sportlicher Entwicklungsprozess beschreiben und begreifen, denn entsprechende Veränderungen können ja nicht auf die Ebene des Trainings beschränkt bleiben, sie müssen in einem weiteren Schritt in die Matchsituation übertragen werden. Damit ein solcher Prozess gelingen kann, bedarf es der Einsicht des Athleten – manches Mal bedarf es sogar noch stärker der Einsicht des Trainers bzw. des betreuenden Umfeldes, damit wichtige Entwicklungschancen nicht mit Rücksicht auf kurzfristige Erfolge verpasst werden.

ÜBUNG: ALTERNATIVE BEWERTUNG

Versuchen Sie einmal, Trainingsmatches oder tatsächliche Wettkämpfe während einer Umbruchphase im Training auf eine neue Art zu bewerten:
- Stecken Sie Ihre Ziele für das Match neu!
- Achten Sie dabei vor allem darauf, die neu (an)trainierten Variationen Ihres Spiels einzusetzen und definieren Sie dies als Hauptziel des Matches.
- Die Bewertung Ihres Spiels richtet sich also nach der Frage: Wie häufig ist es mir gelungen, die neu (an)trainierten Variationen in mein Spiel einzubauen?
- Ein „gutes" Match haben Sie dementsprechend dann gespielt, wenn Sie möglichst häufig Ihre neuen Kompetenzen einsetzen konnten, unabhängig davon, ob Sie am Ende als Sieger vom Platz gegangen sind.

→ *Trainieren mit unterschiedlichen Spielertypen!*

Jeder Tennisspieler weiß, dass es Spielertypen gibt, mit denen er grundsätzlich gut zurechtkommt, während andere ihm regelmäßig Schwierigkeiten bereiten. So kommt bspw. der solide Grundlinienspieler in seinen Rhythmus, wenn er auf einen Gegner trifft, der von seiner Spielanlage ähnlich agiert; deutlich schwerer fällt ihm jedoch die Konfrontation mit einem Gegner, dessen Spiel auf aggressive, kurze Ballwechsel ausgerichtet ist.

Im Sinne einer positiven Weiterentwicklung des eigenen Leistungsvermögens müssen wir aus diesem Umstand unsere Lehren für das Training ziehen.

Häufig befinden wir uns in einer kleinen Trainingsgruppe, in der die Mitglieder über einen langen Zeitraum regelmäßig miteinander trainieren. Unter sozialen Gesichtspunkten ist dies durchaus verständlich, und logischerweise neigen wir dazu, solche Athleten als Trainingspartner zu bevorzugen, mit denen das Training Spaß macht. Dies führt aber dazu, dass sich nach einiger Zeit die Athleten in ihrem Spielverhalten gegenseitig auswendig kennen. Überraschungsmomente im Matchtraining bleiben somit aus, die Spielweisen und taktischen Varianten wiederholen sich, jeder weiß genau, wie der andere auf spezifische Spielelemente reagiert usw. Auf diese Weise wird zwar Sicherheit erzeugt, diese ist aber trügerisch und hält nur solange vor, wie Athleten nicht mit anderen Spielertypen konfrontiert sind. Dies ist aber zwangsläufig in Wettbewerbssituationen der Fall. Dementsprechend ist es zwingend notwendig, sich bereits im Training stets mit wechselnden Athleten (und damit mit verschiedenen Spielertypen) zu messen und dies immer wieder als neue Herausforderung zu begreifen, seine Potenziale zielführend zu nutzen und zu verbessern. Verabreden wir uns also ruhig immer wieder mit Spielertypen, von denen wir wissen, dass sie für unser eigenes Spiel unangenehm sind. Schrittweise werden wir dadurch immer besser in der Lage sein, auf ganz verschiedene Spielertypen erfolgreich in der Matchsituation reagieren zu können.

ÜBUNG: TYPENWECHSEL

In einer Trainingsgruppe ist es häufig so, dass sich die Spieler untereinander sehr gut kennen und auch den Spielstil der anderen sehr gut einschätzen können. Um verschiedene Spielertypen zu simulieren, können Sie in Ihrer Trainingsgruppe einmal Folgendes ausprobieren:

- Überlegen Sie gemeinsam, welche verschiedenen Spielertypen Sie kennen bzw. welche Spielertypen Ihnen immer wieder Schwierigkeiten bereiten.
- Bestimmen Sie für jeden der genannten Spielertypen 3–5 Punkte, die seine Spielweise ausmachen.
- Fertigen Sie für jeden Spielertyp eine Karte an, auf der alle zuvor gesammelten Spieleigenschaften dieses Typen aufgeführt sind.
- Für einige Trainingsspiele können diese Karten nun eingesetzt werden, indem Ihr Trainingspartner und Sie abwechselnd für ein Trainingsspiel eine der Karten ziehen.
- Während des folgenden Trainingsspiels soll dann derjenige von Ihnen, der die Karte gezogen hat, die Charakteristika des gezogenen Spielertypens so gut wie möglich in seinem Spiel imitieren.

8. Tennis im Team

Tennis ist zwar zweifelsohne eine klassische Individualsportart, bei der zwei „einsame Menschen auf dem Platz" um den Sieg streiten. Ausnahmen von dieser Regel sind zum einen das Doppelspiel, zum anderen die Mannschaftswettbewerbe, wie wir sie von typischen Ligaspielen kennen. Einige sportpsychologisch bemerkenswerte Phänomene zum Tennis im Team seien nachfolgend erläutert.

Bei Mannschaftswettbewerben entscheidet die Addition der Erfolge oder Misserfolge in den gespielten Einzeln und Doppeln über den Gesamterfolg oder eben den Gesamtmisserfolg des Teams. Das Einzel hat zwar immer noch seinen typischen Individualcharakter, jedoch spielt der Athlet nun nicht in erster Linie für sich, sondern für seine Mannschaft. Beim Doppelspiel kommt es zu einem Gruppencharakter in zweifacher Hinsicht, die Athleten spielen als Zweierteam und dieses Team wiederum agiert für die Gesamtgruppe.

Interessant sind nun die *gruppendynamischen Effekte*, die sich aus solchen Teamkonstellationen für das individuelle Leistungsverhalten ergeben können. Denn sportpsychologisch analysiert, resultiert die Gesamtleistung des Teams keineswegs aus der bloßen Addition der Einzelleistungen – vielmehr kann, und dies wissen alle aktiven Turnierspieler aus eigener Erfahrung, der Wettbewerb im Team die individuelle Leistung befördern, er kann diese aber auch hemmen.

In der Leichtathletik ist dieses Phänomen immer wieder klar ersichtlich: In einem Staffellauf erzielen nicht zwangsläufig die Teams mit den besten Einzelläufern auch die vordersten Platzierungen, vielfach erreichen aufgrund positiver Gruppeneffekte gerade auch Staffeln mit eher schwächeren Athleten sehr gute Ergebnisse.

Im Falle eines positiven Teamklimas wird jeder Athlet versuchen, sich hundertprozentig für seine Mannschaft einzusetzen und die bestmögliche Leistung zu erbringen.

Voraussetzung ist also, dass nicht das einzelne sportliche Ziel, sondern das Interesse des gesamten Teams für alle Athleten im Vordergrund steht. Die Wahrnehmung, dass die Teamkollegen voll und ganz hinter der eigenen

Person stehen und diese auch uneingeschränkt unterstützen, kann den Einsatz und die Motivation erheblich befördern und auf diesem Wege den Athleten zu einer höheren Leistung befähigen. Ein solcher hundertprozentiger Einsatz für das Team zeigt sich dann auch bereits im Zuge der Turniervorbereitung, hinsichtlich der Hilfestellung für die anderen, mit Blick auf die Kompromissbereitschaft bei Aufstellungen usw.

Mannschaften, die mehrheitlich eher von sportlichen Einzelinteressen geleitet werden oder auch solche, die mit dem Ziel von Klassenerhalt oder Aufstiegen „wild" zusammengewürfelt werden, lassen solche positiven Gruppeneffekte nicht nur häufig vermissen, das Klima ist darüber hinaus verstärkt durch Konkurrenzdruck und Missgunst geprägt. Aus gruppenpsychologischer Perspektive sind von daher eher hemmende Effekte auf das Leistungsvermögen der einzelnen Athleten zu erwarten. Gerade in Ligaspielen lässt sich ein solches Klima sehr gut an der Unterstützung aus dem eigenen Team am Rand oder auch bei Beobachtung der Doppel ablesen – man gewinnt den Eindruck, dass zwei Athleten auf dem Platz stehen, die sich nichts zu sagen haben, nicht wirklich an einem Strang ziehen, nicht den gemeinsamen (!) Erfolg wollen, sondern ausschließlich für sich selber agieren.

Das sagen die Profis

„Das Entscheidende ist, dass der Spieler mit dem Team zufrieden ist [...]"
(Boris Becker, zit. n. Antic, 2014, o.S.)

Zur Förderung eines positiven Teamklimas sind Symbole und Rituale sehr hilfreich und sollten in ihrer Bedeutung nicht unterschätzt werden. Hierzu zählen etwa das gemeinsame Outfit, der gemeinsame Trainingstag mit anschließendem geselligen Beisammensein, gemeinsame regelmäßige Aktivitäten außerhalb des Tennis im Laufe einer Saison. Auf diese Weise entsteht ein Klima, in dem sich alle Athleten wohl fühlen und auch eine Verpflichtung für die Mannschaft erleben – die beste Voraussetzung, um erfolgreich sein zu können. Ein solches Klima ist zudem die ideale Basis, etwaige auftretende Probleme innerhalb des Teams direkt, offen und ehrlich anzusprechen und auf diese Weise zu effektiven Problemlösungen zu gelangen.

Wenn das Klima zwischen den Athleten nicht stimmt, wird sich dies beim Doppel besonders gravierend zeigen. Gerade im Doppel ist die gemeinsame Abstimmung auf dem Platz von erheblicher Bedeutung für den Erfolg; dies verlangt allerdings eine ständige Kommunikation zwischen den Athleten. Zudem darf sich nicht der eine Athlet auf Kosten des anderen profilieren und ggf. seine individuelle Überlegenheit zur Schau stellen wollen – für den Erfolg ist nicht entscheidend, wie gut der Einzelne spielt, wichtig ist nur, wie effektiv das Doppel insgesamt agiert. Permanente Absprachen, Rücksichtnahme aufeinander, gegenseitiges Aufbauen, wenn der Partner gerade eine Schwächephase hat – dies sind die ausschlaggebenden Aspekte für ein erfolgreiches Doppelspiel.

Neben dem Effekt des Klimas ist aber auch der Trainingseffekt beim Doppel nicht zu unterschätzen: Gut eingespielte Doppelpartner erkennt man sehr schnell daran, dass die Koordination und Kommunikation auf dem Platz beinahe blind funktioniert. Einen solchen Effekt erzielt man aber nicht von heute auf morgen, er muss vielmehr ebenso trainiert werden wie technische und taktische Komponenten, die vom Anforderungsprofil durchaus anders sind als beim Einzel (Bedeutung von Aufschlag und Return, Übergang zum Netz, Volleyspiel, Wechselvarianten usw.). Nicht umsonst sind ja viele gute Einzelspieler noch lange keine guten Doppelspieler, umgekehrt gilt dies natürlich genauso. Diesem Trainingseffekt wird jedoch zu geringe Bedeutung beigemessen, das Doppelspiel wird in der Regel zu wenig trainiert wird.

Ein weiterer, aus sportpsychologischer Perspektive relevanter Aspekt liegt in dem Phänomen der *Verantwortlichkeitsabgabe*: Während nämlich beim Einzel klar auszumachen ist, wer für Erfolg oder Misserfolg verantwortlich ist (da es ja nur einen Akteur gibt), ist dies beim Doppel so nicht möglich. Von daher besteht für den einzelnen Athleten durchaus die Option, sich bei (drohenden) Niederlagen hinter seinem Partner zu „verstecken" oder ihn sogar ganz explizit für den Misserfolg verantwortlich zu machen. Ein solches Verhalten mag zwar kurzfristig selbstwertdienlich sein, es schadet aber letztendlich beiden Athleten auf dem Platz, dem Leistungsvermögen und somit auch dem Team insgesamt (ganz zu schweigen von damit verbundenen atmosphärischen Spannungen). Zielführend ist in solchen Situationen die Sensibilisierung der beteiligten Athleten für ein solches Geschehen, ggf. durchaus auch durch das korrigierende Eingreifen von außen.

Im Zuge der Verantwortlichkeitsaufteilung kann allerdings auch bei mental eher schwachen Athleten das Ausmaß der mentalen Defizite im Doppel deutlich geringer ausgeprägt sein als im Einzel – dadurch, dass der Druck nicht ausschließlich auf der eigenen Person lastet, sondern quasi mit einer zweiten Person geteilt wird, ist die wahrgenommene Bedrohung durch die Leistungssituation geringer und der Athlet weniger stark mental belastet.

Last not least: Aus einem sehr positiven Teamklima heraus können sich mögliche mentale Probleme bei einem einzelnen Athleten durchaus verstärken. Fühlt sich nämlich der Athlet in besonderer Weise verpflichtet, kann hieraus ein zusätzlicher Druck resultieren, die wahrgenommene Bedrohung durch die Leistungssituation steigt entsprechend an – auch dieses Phänomen dürfte jedem Mannschaftsspieler bekannt sein, ebenso wie die Tatsache, dass hierdurch schon so mancher Klassenerhalt oder Aufstieg „verspielt" worden ist.

Selbstverständlich sollte aus dieser Überlegung nicht folgen, kein gutes Mannschaftsklima anzustreben (dies wäre schon alleine wegen der oben beschriebenen positiven Effekte nicht sinnvoll). Vielmehr sollten solche Athleten in besonderer Weise außerhalb und auf dem Platz unterstützt werden. Entscheidend ist die glaubhafte Vermittlung, dass nur der Einsatz für das Team das entscheidende Bewertungskriterium darstellt, unabhängig davon, ob hieraus am Ende Sieg oder Niederlage resultieren. Dieses sollte man auch im Vorfeld im Rahmen der Mannschaft offen ansprechen, auf diese Weise wird vielfach schon ein erheblicher Teil des erlebten Drucks genommen.

9. Wertschätzung, Selbstwertschätzung und mentale Fitness

Eine Vielzahl von Faktoren bestimmt die mentale Fitness eines jeden Athleten, eine Vielzahl von Symptomen können sich in Leistungssituationen bei mentalen Problemen zeigen – beim Tennis sind dies u.a. der plötzlich auftretende schwere Arm bei einem spezifischen Spielstand, unangemessenes aggressives Verhalten auf dem Platz oder eine deutliche Diskrepanz zwischen Trainings- und Wettkampfleistung.

Zentrale Gesichtspunkte, verbunden mit praktischen Hinweisen und Übungen, wurden bislang in den einzelnen Kapiteln beschrieben. Abschließend wenden wir uns einer Kernkomponente zu, die für eine langfristige Verbesserung und Stabilisierung mentaler Fitness grundlegend ist, nämlich der Bedeutung und dem Zusammenhang von *Wertschätzung und Selbstwertschätzung*. Die damit verbundenen psychologischen Gesichtspunkte können gleichermaßen für den aktiven Athleten selber, aber auch für solche Personen, die beruflich oder ehrenamtlich beratend und betreuend tätig sind (Eltern, Trainer oder Funktionäre), wichtige Anhaltspunkte zur Reflektion des eigenen Denkens und Verhaltens geben.

Jeder Mensch ist als soziales Wesen auf die Wertschätzung relevanter Personen aus unserem Umfeld angewiesen. Psychische Gesundheit benötigt also die Erfahrung, dass wir von Anderen wertgeschätzt werden.

Es lassen sich zwei unterschiedliche Formen der Wertschätzung unterscheiden:

- *bedingte Wertschätzung*: Diese Form der Wertschätzung durch andere Personen ist an Bedingungen geknüpft.
  So erleben bspw. prominente Athleten, wie sie geradezu von der Öffentlichkeit „in den Himmel gehoben" werden, wenn sie erfolgreich sind. Sie werden jedoch genauso schnell wieder fallen gelassen, sobald sie sich einmal in einem Leistungstief befinden. Bedingte Wertschätzung ist auch typisch für das Berufsleben: Die Wertschätzung eines Vorgesetzten seinem Mitarbeiter gegenüber gilt oftmals nicht seinen persönlichen Eigenschaften, sondern sie gilt seiner hohen Leistungsfähigkeit und damit auch seiner Tauglichkeit für das Unternehmen.

- *unbedingte Wertschätzung*: Diese Form der Wertschätzung durch andere Personen gilt der Person vorbehaltlos und ist an keine Bedingungen geknüpft, sie ist *unbedingt*.
Der Mensch wird also so angenommen, wie er ist. Es spielt dabei keine Rolle, welchen „Zweck" er für die eigene Person erfüllt.

Der Begriff der „unbedingten Wertschätzung" stammt aus der Tradition der humanistischen Psychologie. Sie geht davon aus, dass der Mensch von Natur aus ein *positives, gutes und nach vorne gerichtetes Wesen* darstellt – Schwierigkeiten, Störungen und Fehlentwicklungen liegen von daher nicht in der „Natur" des Menschen, sie ergeben sich vielmehr durch die Auseinandersetzung jeder Person mit seinem jeweiligen sozialen Umfeld unter den konkreten gesellschaftlichen Rahmenbedingungen. Entscheidend ist dabei nicht, wie die Wirklichkeit „objektiv" ist (wenn es so etwas überhaupt gibt), entscheidend ist nur, wie der einzelne Mensch die Wirklichkeit erlebt, in der er sich befindet. Dies bedeutet also, dass ein und dieselbe Situation von unterschiedlichen Personen ganz verschieden wahrgenommen und eingeschätzt werden kann – und damit auch entsprechend ganz verschiedene Handlungsstrategien nach sich zieht. Um es sprichwörtlich zu sagen: Für den einen ist das Glas halb voll, für den anderen hingegen halb leer. Wer sich für die Prämissen der humanistischen Psychologie näher interessiert, sei auf die grundlegenden Arbeiten von Carl Rogers, dem Pionier dieser Forschungsrichtung, verwiesen.

Unbedingte Wertschätzung bedeutet nun keineswegs, alle Einstellungen, Meinungen, Verhaltensweisen anderer Menschen uneingeschränkt zu akzeptieren – sehr wohl ist es möglich, auf der Basis unbedingter Wertschätzung auch Kritik an der anderen Person zu üben und sich ggf. in bestimmten Bereichen deutlich davon abzugrenzen. Dies geschieht aber immer vor der Prämisse, den Menschen als Person zunächst einmal vorbehaltlos anzunehmen.

Unbedingte Wertschätzung ist für die Entwicklung jeder Persönlichkeit von besonderer Bedeutung und sollte von daher ein Kernelement familiärer Erziehung darstellen. Aber auch in anderen pädagogischen Beziehungen, sei es nun im Kindergarten, in der Schule oder auch in der Hochschule, kann mit der Vermittlung unbedingter Wertschätzung eine vertrauensvolle, tragfähige Basis für ein erfolgreiches, befriedigendes Miteinander geschaffen werden. Dies gilt ebenso für den beruflichen Bereich, also etwa für die Beziehungen zwischen Vorgesetzten und Mitarbeitern. Dabei darf unbedingte Wertschätzung jedoch nicht als strategisches Mittel eingesetzt werden, um leistungsfördernde Effekte zu erzielen. Dies würde den Kern unbedingter Wertschätzung, nämlich ihre Nicht-Funktionalität, ad absurdum führen. Unbedingte Wertschätzung ist das Ergebnis eines spezifischen Menschenbildes – nur derjenige, der sie überzeugt lebt, kann sie auch glaubhaft vermitteln.

Unbedingte Wertschätzung durch relevante Bezugspersonen ist die entscheidende Voraussetzung dafür, dass sich bei einer Person unbedingte Selbstwertschätzung entwickeln kann.

Im Sinne einer positiven Persönlichkeitsentwicklung ist es ein wesentliches Ziel, dass Menschen sich selber vorbehaltlos annehmen und akzeptieren, sich also ohne Bedingungen wertschätzen können. Auch hierfür gilt: Wir müssen keineswegs alle Eigenschaften und Verhaltensweisen der eigenen Person gut finden und meinen, nichts an uns selbst verändern zu müssen (dies wäre eine völlige Fehlinterpretation unbedingter Selbstwertschätzung, die nicht zu einer positiven Weiterentwicklung, sondern vielmehr zu selbstherrlicher Stagnation beiträgt), dieser kritische Umgang mit sich basiert aber auf der Basis eines grundsätzlichen Sich-Annehmens und Sich-Akzeptierens. Das Ausmaß unbedingter Selbstwertschätzung (und damit auch des eigenen Selbst-Vertrauens) ist aber keineswegs das einfache Ergebnis angeborener Faktoren, es resultiert aus dem Ausmaß erfahrener unbedingter Wertschätzung (und damit auch des entgegengebrachten Vertrauens) aus der eigenen Umwelt.

Fehlende unbedingte Selbstwertschätzung wird durch bedingte Selbstwertschätzung kompensiert, die aus dem Erleben bedingter Wertschätzung durch die relevanten Bezugspersonen resultiert.

Lernt eine Person im Laufe ihrer Entwicklung, dass ihr (nur) dann Wertschätzung entgegengebracht wird, wenn sie sich in einer spezifischen Art und Weise verhält, so ist es wahrscheinlich, dass als Bewertungsmaßstab für die erforderliche Wertschätzung der eigenen Person genau diese Kriterien angelegt werden. Also: Macht ein Mensch bspw. im Laufe seiner Entwicklung zunehmend die Erfahrung, dass er nur für gute Leistungen wertgeschätzt wird, nicht aber für ein positives Sozialverhalten, so wird er die Wertschätzung für sich selber zunehmend an seinen erbrachten Leistungen orientieren, während soziale Kompetenzen in dieser Hinsicht weitgehend irrelevant werden.

Fehlentwicklungen in der Persönlichkeit eines Menschen basieren insofern ganz entscheidend aus dem Fehlen unbedingter Wertschätzung durch andere Personen und der damit fehlenden unbedingten Selbstwertschätzung.

Gerade Leistungs- und Hochleistungssportler beziehen ein hohes Maß an Wertschätzung aus ihren sportlichen Erfolgen:

Diese Form bedingter Wertschätzung ist ein zusätzliches positives Element für die Persönlichkeitsentwicklung und psychische Stabilität, wenn der Athlet darüber hinaus die kontinuierliche Erfahrung macht, von relevanten anderen Personen unbedingt (also auch ohne sportlichen Erfolg) wertgeschätzt zu werden. Entscheidend ist an dieser Stelle sicherlich zunächst einmal der entsprechende Umgang der Familie und des weiteren Umfelds mit dem Athleten.

Macht der Athlet hingegen die Erfahrung, von relevanten anderen Personen in erster Linie wegen seines sportlichen Erfolges wertgeschätzt zu werden, so können sich entsprechende Fehlentwicklungen in der Persönlichkeitsentwicklung herausbilden und zu einer Instabilität des psychischen Gleichgewichtes führen. Hierbei ist ja nicht bedeutsam, ob der Athlet „tatsächlich" in erster Linie wegen seines Erfolges wertgeschätzt wird und als Person nicht vorbehaltlos angenommen wird, es geht ausschließlich darum, ob dieses von ihm in seiner subjektiven Wirklichkeit so erlebt wird. Im Zuge der sportpsychologischen Arbeit mit Spitzenathleten zeigen sich solche Erlebensdefizite immer wieder, wenn sie ihre Erfahrungen mit ihrem Umfeld schildern – angefangen von den Reaktionen auf Erfolge oder Misserfolge durch Eltern, Trainer und Geschwister bereits bei Wettkämpfen im Kindesalter bis hin zu ganz aktuellen Geschehnissen als erwachsener Athlet. In der Regel sind dabei nicht die Intentionen des Umfeldes das Problem, sondern deren Effekte für den (jungen) Athleten.

Das sagen die Profis

„Mein Selbstvertrauen ist viel größer geworden. Ich bin nicht mehr so verbissen auf dem Platz und kann dadurch schöne Momente besser genießen. Aufgrund meiner Erfolge ist der Respekt vor mir gewachsen. Die Großen der Damenszene grüßen mich jetzt und nehmen mich als ernsthafte Konkurrentin wahr. Es fühlt sich schön an, wenn der eigene Stellenwert wächst."

(Angelique Kerber, zit. n. Böseler, 2012, o.S.)

Defizite in der Erfahrung unbedingter Wertschätzung können zur Folge haben, dass die Leistungssituation nicht als herausfordernd, sondern vielmehr zunehmend als bedrohend erlebt wird.

- Der über Siege, Ranglistenpositionen, Turniereinladungen usw. erzielte Erfolg sichert dem Athleten in seiner Wahrnehmung die erforderliche Wertschätzung.
- Da diese Wertschätzung aber an die Bedingung des Erfolges geknüpft wird, ist dieser Erfolg das wesentliche Element zur Aufrechterhaltung einer (psychisch instabilen) Persönlichkeitsstruktur.
- Aufgrund der fehlenden unbedingten Wertschätzung von relevanten anderen Personen ist in Konsequenz auch die unbedingte Selbstwertschätzung der eigenen Person schwach ausgeprägt. Der Athlet zeigt entsprechend geringes Selbstvertrauen außerhalb und auf dem Platz.
- Der Athlet hat im Laufe seiner Entwicklungsgeschichte die bedingte Wertschätzung durch relevante andere Personen in sein Selbstbild integriert, er erlebt dementsprechend bedingte Selbstwertschätzung, die direkt an den sportlichen Erfolg geknüpft ist.
- Da Wertschätzung und Selbstwertschätzung für jeden Menschen jedoch unerlässlich sind, wird die positive Bewältigung der Leistungssituation zu einem ganz hervorgehobenen Faktor – hierdurch entwickelt sich die Leistungssituation zunehmend zu einer Bedrohung.
- Dadurch, dass die Leistungssituation nicht als Herausforderung, sondern eben als Bedrohung erlebt wird, entsteht für den Athleten ein erheblicher Druck, der sich in entsprechenden mentalen Defiziten äußert.

Das sagen die Profis

> *„Ich hab immer an mich geglaubt, und meine Eltern haben das auch getan. Mein Vater hat von morgens um acht Uhr bis abends um neun Trainerstunden gegeben, um genug Geld zu verdienen, damit ich zu einem Turnier fahren konnte. Das werde ich meinen Eltern nie vergessen. Auch als ich Verletzungen hatte und nicht spielen konnte – all das hat uns eher zusammengeschweißt."*
> (Sabine Lisicki, zit. n. Ahrens, 2013, o.S.)

- Solche Spieler suchen folgerichtig nicht den Erfolg in der Leistungssituation, sie sind also nicht erfolgsmotiviert, da die Leistungssituation ja keine positive Herausforderung darstellt. Vielmehr suchen sie die Vermeidung

des Misserfolges, da die Leistungssituation eine Bedrohung bedeutet, der sie sich am liebsten entziehen möchten.
- Die *wahrgenommene Bedrohlichkeit der Leistungssituation* wird dadurch intensiviert, dass der Spieler keine Kontrolle über die Situation erlebt. Er macht vielmehr die Erfahrung, sich nicht gegen seine mentalen Defizite wehren zu können, sondern ihnen quasi hilflos ausgeliefert zu sein – und in der Konsequenz die Leistungssituation nicht positiv bewältigen zu können. Von daher muss es das grundlegende Ziel sein, Kontrolle über die Veränderung des Bewertungsmaßstabes (Ersatz des objektiven durch einen subjektiven Bewertungsmaßstab) wieder zu gewinnen, wobei diese Entwicklung durch die Vermittlung spezifischer Verhaltensstrategien zum Umgang mit den konkret auftretenden mentalen Defiziten unterstützt werden kann.
- Weil das entscheidende Motiv des Leistungshandelns die *Vermeidung des Misserfolges* und zudem die eigene unbedingte Selbstwertschätzung schwach ausgeprägt ist, verwenden diese Athleten Erklärungsmuster für Erfolg und Misserfolg, die die Selbstwertschätzung zusätzlich hemmen: Während der Misserfolg stark der eigenen Person angelastet wird, wird erlebter Erfolg vergleichsweise weniger den eigenen Fähigkeiten, sondern vielmehr Faktoren zugeschrieben, die von den stabilen Fähigkeiten der eigenen Person unabhängig sind (schwacher Gegner, zufälliger guter Tag usw.).

Diese zugegebenermaßen komplexen psychischen Prozesse gilt es zu erkennen, sich mit diesen auseinanderzusetzen und zu verändern. Nur die Sensibilisierung für die eigene psychische Befindlichkeit und deren Ursachen kann der Ausgangspunkt für entsprechende langfristig anhaltende Veränderungen sein. Je nach Ausmaß der mentalen Defizite und der damit verbundenen persönlichen Belastung sollte dies mit fundierter sportpsychologischer Unterstützung geschehen.

Ungeachtet dessen können die beschriebenen Prozesse sicherlich Ansatzpunkte zum Nachdenken und zur Veränderung sein, um das eigene Agieren im sportlichen Kontext und weit darüber hinaus positiver, zufriedener und auch effektiver zu gestalten. Besonders nachhaltig kann sich dies im Umgang zwischen Trainern und Athleten auswirken, da durch die Realisierung unbedingter Wertschätzung ganz entscheidend das erlebte Vertrauen gefördert und intensiviert wird.

Das sagen die Profis

„Wenn ein Trainer den Diktator spielt, geht es schief. Das funktioniert genausowenig wie jene Gesellschaftsformen, in denen die Menschen keine Gedankenfreiheit haben. Wenn ich jemandem genau vorgebe, was er zu tun hat, ersticke ich seine Kreativität. Ich entwickle meine Vorstellungen lieber mit dem Spieler gemeinsam."
(Bob Brett, zit. n. Der Spiegel 2/1991, S. 132)

Vertrauen entsteht eben nicht zwangsläufig, es ist das Ergebnis permanenter Arbeit in der Beziehung zu anderen Menschen. Vertrauen benötigt Zeit und das echte Bemühen um den anderen. Es ist nicht verwunderlich, dass Vertrauen gerade auch in Leistungssituationen des Sports Motivation und Engagement fördert, auf diese Weise also auch einen wichtigen Baustein zur Förderung des individuellen Leistungspotenzials darstellt.

Das sagen die Profis

„Ich gebe der Mannschaft eine klare Philosophie vor, eine Linie, und versuche ihr Anleitung, Überzeugung und Vertrauen zu geben. Wenn ein Trainer nicht den Glauben und Vertrauen vermittelt, miteinander erfolgreich sein zu können, verliert er Prozentpunkte. Dann kämen Zweifel auf."
(Fußballtrainer Jos Luhukay, zit. n. Rosentritt, 2015, o.S.)

„Wenn man 280 Tage im Jahr zusammen reist, muss es auch ein gutes Vertrauensverhältnis haben. Auch wenn man über Sachen redet, die nichts mit Tennis zu tun haben."
(Philipp Kohlschreiber, zit. n. Huiber, 2014, o.S.)

Literaturverzeichnis

Ahrens, P. (2013, 10. Juli). Interview mit Tennis-Star Lisicki: „Ich kenne keine Angst". *Der Spiegel.* Verfügbar unter: http://www.spiegel.de.

Alfermann, D. (2004). *Sportpsychologie. Ein Lehrbuch in 12 Lektionen.* Aachen: Meyer & Meyer.

Allmeroth, J. (2013, 23. Mai). Sorglosigkeit ist der Anfang vom Ende. *Stuttgarter Zeitung.* Verfügbar unter: http://www.stuttgarter-zeitung.de.

Antic, A. (2014, 10. September). Boris Becker im Interview: „Ich sehe Dinge, die keiner sieht". *Tennismagazin.* Verfügbar unter: http://www.tennismagazin.de.

Atkinson, J.W. (1957). Motivational determinants of risk-taking behavior. *Psychological Review,* 64, 354–372.

Bakker, F.C., Whiting, H.T.A. & van der Brug, H. (2000). *Sport psychology: concepts and applications.* Chichester [u. a.]: Wiley.

Bakker, F.C., Whiting, H.T.A. & van der Brug, H. (1997). *Sportpsychologie: Grundlagen und Anwendungen.* Bern [u.a.]: Hans Huber.

Bandermann, S. (2014, 14. November). Der beste Volley meiner Laufbahn. *Sport1.* Verfügbar unter: http://www.sport1.de.

Baumann, S. (2000). Psychologie im Sport (3. Aufl). Aachen: Meyer & Meyer.

Becker, B. (2011, 4. Juni). Becker: Djokovic wird Nummer eins. boris-becker.tv. Verfügbar unter: http://www.boris-becker.tv/sport/news/article/becker-djokovic-wird-nummer-eins.html.

Beckmann, J. (2012). Sportpsychologische Praxis. In: D. Beckmann-Waldenmayer & J. Beckmann (Hrsg.). *Handbuch sportpsychologischer Praxis: Mentales Training in den olympischen Sportarten.* Balingen: Spitta.

Beckmann, J., & Elbe, A.M. (2011). *Praxis der Sportpsychologie: Mentales Training im Wettkampf- und Leistungssport* (2. Aufl.). Balingen: Spitta.

Bierhoff-Alfermann, D. (1986). *Sportpsychologie.* Stuttgart [u.a.]: Kohlhammer.

Blom, H. (2000). *Der Dozent als Coach.* Neuwied: Luchterhand.

Böseler, T. (2012, 15. Juni). Angelique Kerber: „Früher war ich verbissen, jetzt kann ich genießen". *Tennismagazin.* Verfügbar unter: http://www.tennismagazin.de.

Bollettieri, N. & Maher, C.A. (1995). *Matchball. Das mentale Erfolgsprogramm von Nick Bollettieri.* München/Wien: BLV.

Brett, B. (1991). Ich bin kein Babysitter. *Der Spiegel,* 2, Verfügbar unter: http://www.spiegel.de.

Coelho, P. (1988). *Der Alchimist.* Zürich: Diogenes Verlag AG.

Csikszentmihalyi, M. & Jackson, S.A. (2000). *Flow im Sport. Der Schlüssel zur optimalen Erfahrung und Leistung.* Zürich: BLV.

Dorsch – Lexikon der Psychologie (2014, (17. Aufl., S. 88). Stichwort „Aberglaube". Bern: Hans Huber.

Draksal, M. & Nittinger, N. (2002). *Mentales Tennis-Training: ein praktisches Arbeitsbuch für Spieler und Trainer.* Linden: Draksal.

Eberspächer, H. (1992). *Mentale Trainingsformen in der Praxis. Ein Handbuch für Trainer und Sportler* (3. Aufl.). Oberhaching: Sportinform.

Eberspächer, H. (2001). *Mentales Training.* Oberhaching: Copress.

Frester, R. & Wörz, T. (1997). *Mentale Wettkampfvorbereitung. Ein Handbuch für Trainer, Übungsleiter, Sportlehrer und Sportler.* Göttingen: Vandenhoeck und Ruprecht.

Frester, R. (1999). *Mentale Fitness für junge Sportler. Leistungsvoraussetzungen und Entwicklungsförderung.* Göttingen: Vandenhoeck und Ruprecht.

Gabler, H., Nitsch, J. R. & Singer, R. (1993). *Einführung in die Sportpsychologie: Anwendungsfelder* (Bd. 2). Schorndorf: K. Hofmann.

Gilbert, B. & Jamison, S. (1997). *Winning ugly. Mentale Kriegsführung im Tennis.* Lüneburg: Zu Klampen.

Gilbert, C. (2007). Ich bin ein Grübler. *Der Spiegel,* 44, Verfügbar unter: http://www.spiegel.de.

Großekathöfer, M. & Hacke, D. (2009, 8. Februar). Meins, meins, meins. *Der Spiegel.* Verfügbar unter: http://www.spiegel.de.

Heckhausen, J. & Heckhausen, H. (1989). *Motivation und Handeln* (2. Aufl.). Berlin: Springer.

Helm, C. (2015, 19. Januar). Tennis-Star Andrea Petkovic: Klugheit beim Tennis? „Das ist eher hinderlich". *Der Tagesspiegel.* Verfügbar unter: http://www.tagesspiegel.de.

Honekamp, S. (2014, 13. Juli). Aberglaube bei der WM: Schweini steigt als Letzter aus. *Die Tageszeitung.* Verfügbar unter: http://www.taz.de.

Horeni, M. (2004, 14. Dezember). Weiß nicht, ob Franz das noch so beurteilen kann. *Frankfurter Allgemeine Zeitung.* Verfügbar unter: http://www.faz.net.

Huiber, J. (2014, 8. Juni). Philipp Kohlschreiber steht für Davis-Cup-Comeback bereit. *Tennisnet.com.* Verfügbar unter: http://tennisnet.com.

Janssen, J. P. (1995). *Grundlagen der Sportpsychologie.* Wiesbaden: Limpert.

Janssen, J. P. & Hahn, E. (1983). *Aktivierung, Motivation, Handlung und Coaching im Sport.* Schorndorf: Hofmann.

Jonas, K., Stroebe, W. & Hewstone, M. (Hrsg.). (2007). *Sozialpsychologie* (5. Aufl.). Heidelberg: Springer.

Jones, G., Hanton, S. & Connaughton, D. (2002). What is this thing called mental toughness? An investigation of elite sport performers. *Journal of applied sport psychology, 14,* 205–218.

Jordan, M. (1994). *I Can't Accept Not Trying: Michael Jordan on the Pursuit of Excellence.* San Francisco, CA: Harper.

Kunath, P. (2001). *Sportpsychologie für alle.* Aachen: Meyer & Meyer.

Kleinert, J. (2003). *Mental aus der sportlichen Krise: Verletzungen, Formtiefs, Erfolgdruck und Teamkonflikte bewältigen.* München: BLV.

Klemm, T. (2013, 28. September). Ticken die noch richtig?. *Frankfurter Allgemeine Zeitung.* Verfügbar unter: http://www.faz.net.

Klemm, T. (2014, 19. April.). Maria Scharapowa im Gespräch: „Tennis ist ein großer Psychokrieg". *Frankfurter Allgemeine Zeitung.* Verfügbar unter: http://www.faz.net.

Klotzbach, C. (2014, 22. Oktober). Das große Interview mit Rafael Nadal: Ich ziehe den Hut vor Roger. *Blick.ch.* Verfügbar unter: http://www.blick.ch.

Knisel, E. (2003). *Kritische Spielsituationen im Tennis und deren Bewältigung.* Schorndorf: Hofmann.

Kohlschreiber, P. (2010, 19. August). Kohlschreiber selbstbewusst gegen Federer. *Hamburger Morgenpost.* Verfügbar unter: http://www.mopo.de.

Lahm, P. (2014, 24. Juli). Philipp Lahm: Kapitän a. D. *Die Zeit.* Verfügbar unter: http://www.zeit.de.

Leinkauf, M. (2009, 10. Dezember). Ich habe einen Traum: „Ich fühle mich nicht mehr gefangen". *Die Zeit.* Verfügbar unter: http://www.zeit.de.

Loehr, J. E. (1996). *Die neue mentale Stärke. Sportliche Bestleistung durch mentale, emotionale und physische Konditionierung.* München: BLV.

Nittinger, N. & Draksal, M. (2002). *Mentales Tennis-Training. Ein praktisches Arbeitsbuch für Spieler und Trainer.* Leipzig: Draksal.

Philippsen, P. (2014, 8. Juli). Sieg in Wimbledon: Hinter dem Erfolg von Djokovic steht Boris Becker. *Der Tagesspiegel.* Verfügbar unter: http://www.tagesspiegel.de.

Rogers, C.R. (1951). *Client-centered therapy.* Boston: Houghton-Mifflin.

Rogers, C.R. (2004). *Entwicklung der Persönlichkeit.* Stuttgart: Klett-Cotta.

Rolf, F. (2000). *Erfolgreiches Coaching. Psychologische Grundlagen für Trainer.* Göttingen: Vandenhoeck und Ruprecht.Rosenthal, R. & Jacobson, L. (1968). Pygmalion in the Classroom. *The Urban Review,* 16–20.

Rosentritt, M. (2015, 30. Januar). Hertha-Trainer Jos Luhukay im Interview: Ich nehme Niederlagen nie persönlich. *Der Tagesspiegel.* Verfügbar unter: http://www.tagesspiegel.de.

Schneider, G. (2007, 28. März). Interview: Auch mentale Stärke muss man trainieren. *Frankfurter Allgemeine Zeitung.* Verfügbar unter: http://www.faz.net.

Schneider, T. (2013, 24. August). Annika Beck im Interview: Der Tennis-Shootingstar über mentale Stärke und Vergleiche mit Steffi Graf. *General-Anzeiger Bonn.* Verfügbar unter: http://www.general-anzeiger-bonn.de.

Schulte von Drach, M.C. (2010, 21. Juni). Wie Aberglaube hilft. *Süddeutsche Zeitung.* Verfügbar unter: http://www.sueddeutsche.de.

Schweer, M. (2004). *Mentale Fitness im Sport. Das Basisprogramm.* Regensburg: Roderer.

Schweer, M. & Thies, B. (1999). *Vertrauen – Die unterschätzte Kraft.* Zürich: Walter.

Sprenger, R.K. (2004). *Die Entscheidung liegt bei dir: Wege aus der alltäglichen Unzufriedenheit* (13. Aufl.). Frankfurt a.M. [u.a.]: Campus.

Suinn, R.M. (1989). *Übungsbuch für Mentales Training. In sieben Schritten zur sportlichen Höchstleistung.* Göttingen: Hans Huber.

Thieß, G. (1997). *Der sportliche Wettkampf. Vorbereitung, Durchführung Auswertung.* Münster: Philippka-Verlag.

Trosse, H.D. (2000). *Der erfolgreiche Trainer: Führung-Motivation-Psychologie.* Aachen: Meyer & Meyer.

Weiner, B. (1994). *Motivationspsychologie.* Weinheim: PVU.

Woolfolk, A. (2008). *Pädagogische Psychologie* (10. Aufl.). München: Pearson Studium.

Weiterführende Literatur

Baumann, S. (2009). *Psychologie im Sport.* Aachen: Meyer & Meyer.

Beckmann, J. & Elbe, A.M. (2011). *Praxis der Sportpsychologie: Mentales Training im Wettkampf-und Leistungssport* (2. Aufl.). Balingen: Spitta.

Beckmann-Waldenmayer, D. & Beckmann, J. (2012). *Handbuch sportpsychologischer Praxis: Mentales Training in den olympischen Sportarten.* Balingen: Spitta.

Brand, R. (2010). *Sportpsychologie.* Wiesbaden: VS.

Eberspächer, H. (2007). *Mentales Training: Das Handbuch für Trainer und Sportler.* München: Copress.

Gallwey, W. T. (2012). *Tennis – Das innere Spiel: Durch entspannte Konzentration zur Bestleistung.* München: Wilhelm Goldmann.

Gerwinat, A. M. (2011). *Psychologische Diagnostik mentaler Fitness im Sport: Stand der Forschung und Exploration eines komprehensiven Ansatzes zu differentiellen Aspekten der Sportlerpersönlichkeit.* Frankfurt a. M.: Peter Lang.

Hermann, H.-D. & Meyer, J. (2014). *Make them go! – Was wir vom Coaching der Spitzensportler lernen können.* Hamburg: Murmann.

Hermann, H.-D. & Meyer, J. (2011). *Mentales Training: Grundlagen und Anwendung in Sport, Rehabilitation, Arbeit und Wirtschaft.* Berlin/Heidelberg: Springer.

Loehr, J. E. (2010). *Die neue mentale Stärke: Sportliche Bestleistung durch mentale, emotionale und physische Konditionierung.* München: BLV.

Meyer, T. (2011). *Sportpsychologie: Die 100 Prinzipien – Nachschlagewerk für Trainer, Betreuer und Athleten.* München: Copresse.

Nittinger, N. (2008). *Psychologisch orientiertes Tennistraining.* Stuttgart: Neuer Sportverlag.

Schweer, M. (2005). *Mentale Fitness im Sport: Das Basisprogramm.* Regensburg: Roderer.

Schweer, M. (Hrsg.). (2006). *Vertrauen im Leistungssport* (Psychologie und Gesellschaft 4). Frankfurt a. M.: Peter Lang.

Schweer, M. (2007). *Mentale Fitness im Tennis: Das Aufbauprogramm* (Psychologie und Gesellschaft 6). Frankfurt a. M.: Peter Lang.

Schweer, M. (Hrsg.). (2008). *Sport in Deutschland. Bestandsaufnahmen und Perspektiven* (Sport und gesellschaftliche Perspektiven 1). Frankfurt a. M.: Peter Lang.

Schweer, M. (2011). *Kinder und Jugendliche im Leistungssport – eine Herausforderung für Eltern und Trainer: Ein pädagogisch-psychologischer Leitfaden* (Sport und gesellschaftliche Perspektiven 3). Frankfurt a. M.: Peter Lang. (unter der Mitarbeit von E. Petermann und M. Söker)

Schweer, M. (2012). *Psychologie im Leistungssport: Ein Ratgeber für die Praxis mit Beiträgen prominenter Athletinnen und Athleten* (Sport und gesellschaftliche Perspektiven 4). Frankfurt a. M.: Peter Lang. (unter der Mitarbeit von E. Petermann, M. Söker & J. Padberg)

Schweer, M. (2014). *Wer aufgibt, wird nie Sieger! 40 Lektionen zur Steigerung der mentalen Fitness*. Berlin: Frank & Timme.

Sport und gesellschaftliche Perspektiven

Herausgegeben von Martin K. W. Schweer

Die Reihe „Sport und gesellschaftliche Perspektiven" vereint empirische und theoretische Arbeiten mit Blick auf den Leistungs-, Nachwuchs-, Breiten-, Schul- und Gesundheitssport im gesellschaftlichen Kontext, wobei eine interdisziplinäre Perspektive angestrebt ist. Neben Beiträgen der Pädagogischen Psychologie und der Sportpsychologie sowie angrenzender Teilbereiche der Psychologie ist die Reihe auch offen für benachbarte Wissenschaftsdisziplinen. Anfragen an den Herausgeber sind ausdrücklich erwünscht.

Band 1 Martin K. W. Schweer (Hrsg.): Sport in Deutschland. Bestandsaufnahmen und Perspektiven. 2008.

Band 2 Alexandre Martin Gerwinat: Psychologische Diagnostik mentaler Fitness im Sport. Stand der Forschung und Exploration eines komprehensiven Ansatzes zu differentiellen Aspekten der Sportlerpersönlichkeit. 2011.

Band 3 Martin K. W. Schweer: Kinder und Jugendliche im Leistungssport – eine Herausforderung für Eltern und Trainer. Ein pädagogisch-psychologischer Leitfaden. Unter der Mitarbeit von Eva Petermann und Maike Söker. 2011.

Band 4 Martin K. W. Schweer: Psychologie im Leistungssport. Ein Ratgeber für die Praxis mit Berichten prominenter Athletinnen und Athleten. Unter Mitarbeit von Eva Petermann, Maike Söker und Jutta Padberg. 2012.

Band 5 Martin K. W. Schweer: Mentale Fitness im Tennis. Sportpsychologische Grundlagen und Übungen für den Freizeit- und Leistungssport. Unter Mitarbeit von Jana Benarndt. 2., vollständig überarbeitete und erweiterte Auflage. 2015.

www.peterlang.com

www.ingramcontent.com/pod-product-compliance
Ingram Content Group UK Ltd.
Pitfield, Milton Keynes, MK11 3LW, UK
UKHW021324180426
11947UKWH00017B/1419